Segredos da Conquista

Manual de Dicas, Pistas e Segredos sobre Relacionamentos

Cássia Oliveira

Segredos da Conquista

Manual de Dicas, Pistas e Segredos sobre Relacionamentos

MADRAS

© 2012, Madras Editora Ltda.

Editor:
Wagner Veneziani Costa

Produção e Capa:
Equipe Técnica Madras

Ilustrações:
Ricardo Rodrigues

Revisão:
Arlete Genari
Sônia Batista

Dados Internacionais de Catalogação na Publicação (CIP)
(Câmara Brasileira do Livro, SP, Brasil)

Oliveira, Cássia
Segredos da conquista : manual de dicas, pistas e
segredos sobre relacionamentos/Cássia Oliveira
São Paulo: Madras, 2012.
Bibliografia
ISBN 978-85-370-0749-5

1. Homem - Mulher - Relacionamento 2. Namoro
3. Relações interpessoais 4. Sedução - Aspectos
psicológicos I. Título.

12-01425   CDD-158.2

Índices para catálogo sistemático:
1. Conquista amorosa: Psicologia aplicada 158.2
2. Paquera : Psicologia aplicada 158.2

É proibida a reprodução total ou parcial desta obra, de qualquer forma ou por qualquer meio eletrônico, mecânico, inclusive por meio de processos xerográficos, incluindo ainda o uso da internet, sem a permissão expressa da Madras Editora, na pessoa de seu editor (Lei nº 9.610, de 19.2.98).

Todos os direitos desta edição reservados pela

MADRAS EDITORA LTDA.
Rua Paulo Gonçalves, 88 — Santana
CEP: 02403-020 — São Paulo/SP
Caixa Postal: 12183 — CEP: 02013-970
Tel.: (11) 2281-5555 — Fax: (11) 2959-3090
www.madras.com.br

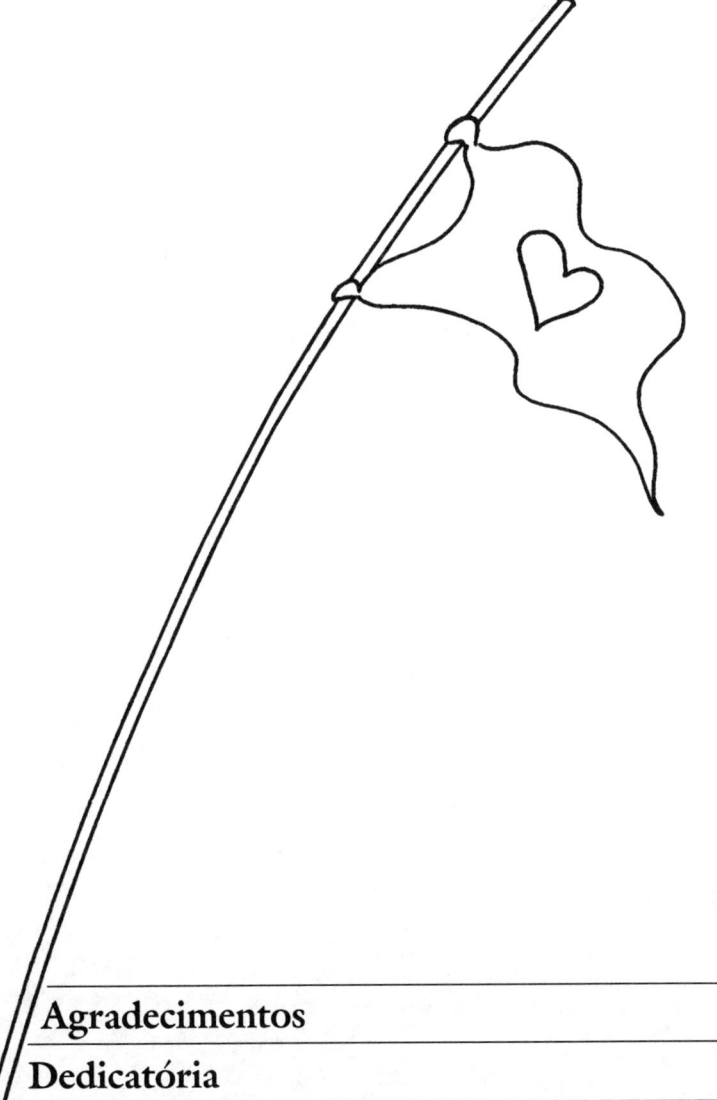

Agradecimentos

Dedicatória

AGRADECIMENTOS

O projeto de escrever um livro e vê-lo concretizado requer o trabalho de toda uma equipe. Agradeço a todos que me proporcionaram as condições necessárias para realizar o que me propus a fazer.

Obrigada, meu Deus, por mais este projeto realizado em minha vida!

Cássia Oliveira

DEDICATÓRIA

Ao meu marido Eduardo, que ajuda a tornar o nosso relacionamento sagrado e feliz.

Aos meus filhos Eduardo Henrique, Victor e Patrícia, que são a luz da minha vida, minha força criativa e inspiradora.

À minha mãe Terezinha Oliveira, exemplo de mulher, forte, elegante, digna de admiração.

Ao meu pai Benedito Feliciano, fonte eterna de luz e amor.

Aos meus irmãos Gilberto, Júlio César, André Luiz, Marcos Antônio e Márcio Ricardo.

À minha sogra D. Neida Furbino, que mesmo não estando presente neste mundo físico nos irradia com sua ternura.

Ao Prof. Dr. Rodolfo Petrelli, minha eterna gratidão por dividir comigo toda sua grandeza humana e genialidade.

A todos vocês, devolvo o meu aprendizado. Como dádiva de Deus que me fez um ser humano melhor em todos os meus relacionamentos.

Índice

Índice

Prefácio 19

Apresentação..23

Introdução 27

AS DICAS
Amor e Relacionamento 31

DICA 1
Antes de Tudo, Invista em Você 39

DICA 2
Não Entre no Bando, Seja Diferente! 49

DICA 3
A Arte De Fazer Contato..........................57

DICA 4
O Olhar Seduz, a Fala Conquista!............63

DICA 5
Ligações Perigosas 69

DICA 6
Não Seja a Protagonista da
Última Hora! 77

DICA 7
Os Segredos De Um Encontro 83

DICA 8
Os primeiros encontros 89

DICA 9
Em direção à hora do Compromisso 95

DICA 10
Os primeiros meses de namoro 101

DICA 11
Aguarde o Momento Certo 109

DICA 12
Monitore, mas não Oprima! 115

DICA 13
Sapo Vira Príncipe só nos Contos! 121

DICA 14
Que o Silêncio Seja o Seu Mestre! 127

DICA 15
Use o Mistério a Seu Favor! 133

DICA 16
Fuja de Homens Casados! 139

DICA 17
Noiva ou Casada, nem
Tudo Você Sabe! 145

DICA 18
Não se Feche em um Labirinto 151

Índice

DICA 19
Como Lidar com a Rejeição 157

DICA 20
Uma relação saudável,
madura e feliz!!! 163

E no final, as recompensas 169

**DICAS, PISTAS E SEGREDOS
SOBRE RELACIONAMENTOS** 175

Um Presente do Doutor Rodolfo
Petrelli para as Mulheres 177

Quando Imitar os Homens 178

Como Construir a Felicidade Conjugal 180

Regras de Ouro para Resgatar
Um Relacionamento 183

Relacionamento Infeliz X Doenças 186

Check-Up do Amor 188

Idade X Casamento 190

Quatro Segredos
para uma União Douradora 192

O que os Relacionamentos Demonstram 194

O que você nunca deve fazer 195

As Nove Personalidades Masculinas 198

As Mulheres que Mais
Espantam os Homens 200

Cuidado! Futuros Maridos que
são uma Bomba-Relógio Prestes
a Explodir em Suas Mãos 202

O Perfil do Traidor 203

Sinais de que ele vai dar o
fora em você 205

Conclusão 211

Bibliografia 213

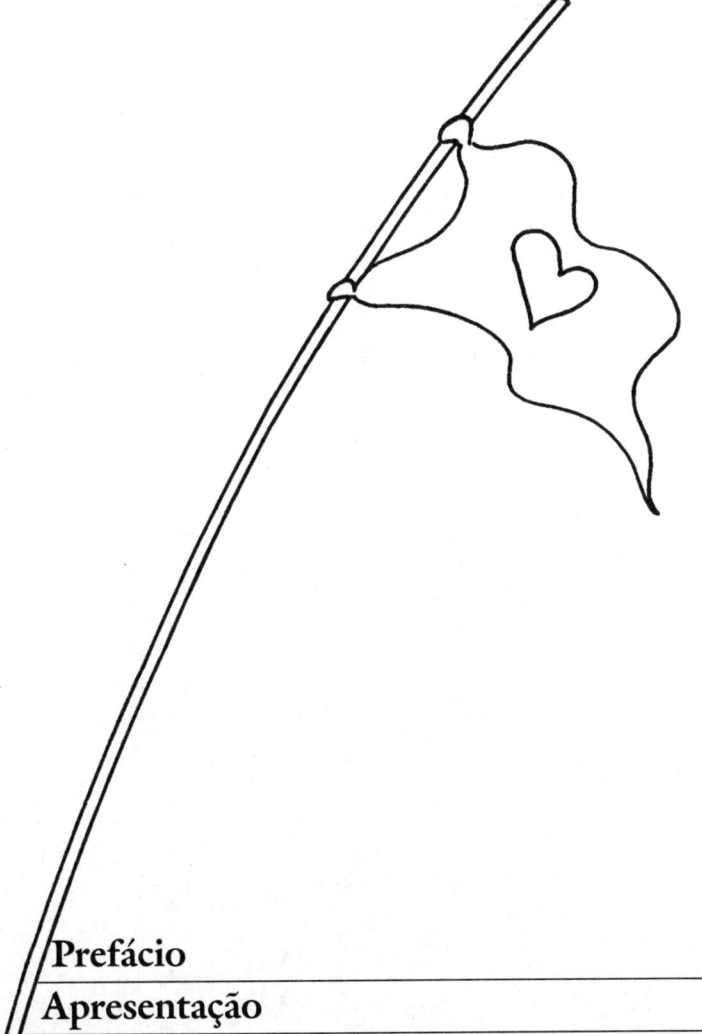

Prefácio
Apresentação
Introdução
Amor e Relacionamento
As Dicas

PREFÁCIO

Cássia Oliveira já é uma escritora consagrada nacionalmente, pois ganhou fama e prestígio com o público leitor em seus artigos, em livros e jornais e livro de estreia: *Consciência Emocional*. Desta vez revela *O Segredo da Conquista* onde inclui os ensinamentos retirados de sua experiência pessoal temperados com seu notável conhecimento no campo da psicologia emocional.

Antes de tudo existe, no trabalho, uma proposta de operar uma profunda transformação na forma de pensar e na atitude da leitora interessada, de maneira a transformá-la em uma mulher cheia de mistério, autoconfiante e mais bonita.

O livro elenca um extenso conjunto de dicas que, seguidas, levarão ao caminho da perfeição. Esse caminho conduz à corporificação da mulher ideal, presente no imaginário masculino.

Se a criação de Ian Fleming – 007 – encarna o homem que todo homem gostaria de ser, a mulher nascida da receita de Cássia seria a que toda mulher almejaria ser e todo homem gostaria de ter.

A autora espelha uma visão romântica do homem, que povoou os sonhos da mulher até os dias atuais, e deu origem à ideia de que, para a formação do casal, cada um comparecia com uma parte (a metade da laranja, a tampa do balaio) para completar o par, mesclando as qualidades inerentes a cada sexo. A partir dessa reunião de qualidades marchariam, unidos indissoluvelmente, no caminho do amor, colhendo flores, afastando espinhos, em direção à eternidade, coroamento de duas vidas milagrosamente transformadas em uma.

Cássia trata com muita competência todos os ângulos da questão, enumerando as qualidades do homem, seus pontos fortes e fracos, onde a astúcia feminina deve atuar para, de forma sutil, transformar-se de caça em caçadora. Sem que o homem perceba, ele é a presa abatida, o troféu a ser exibido orgulhosamente para as amigas e a sociedade.

Então, o triunfo é celebrado numa festividade toda ela destinada a exaltar a heroína, a noiva, a vitoriosa. É notável como domina a cena, desde a entrada triunfal ao som do hino da vitória (marcha nupcial) até a recepção, onde o noivo cativo desfila com aquele olhar atônito, um sorriso forçado, que contrasta com a alegria exuberante da noiva.

Mas não termina aí. A luta continua. É necessário defender a presa de outras caçadoras, também astutas, sedutoras e às vezes mais jovens e mais bonitas. Nesse ponto, o livro ensina que não se pode dormir sobre os louros da vitória. É mister continuar aprimorando a conquista, seduzindo, propiciando o doce envolvimento para manter o homem enamorado, cativo e satisfeito, nesta suave prisão, pois o amor é a essência da vida e a fonte sublime da realização humana. E a mulher é a deusa do amor.

Dr. Syd de Oliveira Reis
Médico e Advogado

APRESENTAÇÃO

Este livro é a comprovação de que milagres vêm quase inevitavelmente disfarçados de tragédia. Toda minha experiência de vida comprova que o universo funciona de uma maneira extraordinária e que se pararmos de questioná-lo e julgá-lo, perceberemos, em algum momento, que as coisas que nos acontecem são para nos impulsionar a sair do lugar em que estamos, crescer, evoluir.

Um dos maiores sinais de evolução é mostrado quando percebemos o verdadeiro valor e significado dos relacionamentos, pois é por meio deles que tomamos consciência de nós mesmos. E nesse exercício, muitos se veem obrigados ao confronto com a dificuldade de se relacionarem e conviverem em harmonia com as pessoas amadas.

Por que isso acontece? Qual o real significado disso? Minha experiência pessoal e profissional me trouxe um grande conhecimento. E vou dividir isso com vocês.

Antes de tudo precisarei falar sobre coisas que me aconteceram, abrir meu coração. Sinto que é uma missão repassar todo o aprendizado e descoberta que vieram até mim, como dádiva de Deus que me fez um ser humano melhor, mais feliz e com muito mais paz interior. Apesar de ser psicóloga e pesquisadora com amplo conhecimento adquirido em leituras e viagens, o que me credenciou realmente a escrever este livro foram as fortíssimas experiências ocorridas ao longo de minha vida.

Sendo a única filha, caçula em uma família de seis irmãos, o gênero masculino sempre foi um referencial muito forte na minha vida. Casei-me aos 19 anos, tive três filhos, dois meninos e uma menina. Tive um casamento conturbado de 11 anos, e antes haviam sido dois anos de namoro, ou seja, 13 anos de absoluta dependência, possessividade, ciúmes, sofrimento interior constante, insegurança e baixa autoestima. Todos os ingredientes necessários para destruir um casamento. E foi o que aconteceu.

Apesar da sensação de que nada estava bem no meu relacionamento, foi um fim prolongado, uma tortura emocional que durou cerca de 11 meses com idas e vindas desastrosas. Quando esse ciclo finalmente terminou, sofri como se tivesse ocorrido uma tragédia horrível.

Mas a verdade é que um novo ciclo se iniciava em minha vida, com um propósito extremamente enriquecedor e recompensador que nunca imaginei poder merecer. E quando compreendi que tinha de prosseguir na jornada da vida, sem condenar ou julgar, sem chamar de tragédia os acontecimentos e simplesmente experimentar e vivenciar o que vinha ao meu encontro, descobri realmente a luz.

Essa "luz" fez com que eu encontrasse a mim mesma e o caminho para um relacionamento saudável, de paz, alegria e plenitude.

Há um propósito que devemos sempre nos lembrar: a paz e a realização que procuramos durante tanto tempo no outro já estão presentes dentro de nós, prontos para se manifestar. Basta abrir espaço e permitir o exercício do potencial e da grandeza que estão escondidos, bloqueados pela sombra escura de um outro ser humano que inconscientemente julgamos ser nosso oxigênio, nossa identidade, nosso amor próprio.

Depois de me permitir expandir minha consciência, a concretização do meu Eu verdadeiro passou a se manifestar em todos os meus relacionamentos, em minha vida plena e na criação do meu primeiro livro, *Consciência Emocional*, que vem contribuindo na evolução e no crescimento espiritual e emocional de milhares de pessoas no Brasil e em outros países.

Depois de quatro anos separada, três dos quais divorciada, tive outro relacionamento por três anos, que considero um presente de Deus e que foi imprescindível na minha história de vida. Há dez anos estou casada novamente com o meu ex-marido, isso mesmo, aquele de quem havia me divorciado 14 anos antes. Estamos juntos de corpo e alma e vivemos uma relação sagrada, harmônica com a razão de ser do espírito. Um relacionamento construído em torno de uma genuína expressão de amor!

A partir do novo paradigma de relacionamento, adquirido após minhas experiências de vida, é que quero basear todo conteúdo deste livro, ajudando outras mulheres a criarem relacionamentos amorosos, duradouros e felizes, desde a fase da conquista. O objetivo é compartilhar dicas que ajudaram muitas mulheres que já as colocaram em prática, como também mostrar os verdadeiros e reais valores que constituem a base para construir e manter um relacionamento.

A esta altura você, provavelmente, estará se questionando: o que são e qual a importância das dicas deste manual para a minha vida? As respostas você encontrará ao longo das próximas páginas.

INTRODUÇÃO

Este livro foi concebido a partir de um estudo científico e uma observação empírica sobre comportamentos e reações que, seguidos à risca, invariavelmente servem para tornar a maioria das mulheres irresistíveis para os homens mais desejáveis.

Para isso é necessário mudarmos alguns de nossos conceitos e preconceitos sobre as relações entre homens e mulheres. Nasce, daí, uma sociedade secreta, compartilhando os segredos e dicas extremamente eficazes para encontrar e manter um relacionamento real, duradouro, não somente de fusões corporativistas, sem amor, por conveniência, comodismo, mas orientando os passos da adolescente à executiva bem-sucedida na busca do parceiro ideal.

Quantas vezes você ouviu alguém dizer "Ela é bonita, inteligente... mas está sempre trocando de relacionamentos"? Por que será que mulheres que não são tão bonitas, nem tão interessantes, atraem homens quase sem esforço algum?

Conhecemos mulheres que têm um bom emprego, são bem-sucedidas, mas são um fracasso em conseguir ou manter um relacionamento duradouro e feliz! Se isso tem a ver com você, então precisa deste manual e mais: segui-lo à risca. O homem dos seus sonhos não apenas se casará com você, mas ficará ligado em você para sempre!

Parece bom demais para ser verdade? Confira!

Quando você aplica as dicas que lhe serão sugeridas, não tem que se preocupar em ser abandonada, negligenciada ou ignorada. Por quê? Porque ele lutou para conquistá-la. Você se tornou tão preciosa para ele que ele ainda não acredita muito nessa conquista.

O ser humano – mais especialmente os homens – gosta de um bom desafio. Quanto mais difícil o prêmio, mais excitante o jogo. Isto se justifica por uma questão hormonal. A testosterona é o hormônio da "guerra". Ela impulsiona não só o desejo sexual, mas também a agressividade e a competitividade. Por isso, geralmente somos atraídas por uma pessoa difícil de conquistar, uma vez que a frustração de um desejo intensifica o sentimento.

As mulheres que telefonam para os homens e os convidam para sair, têm, providencialmente, duas entradas para um show ou oferecem sexo no primeiro encontro, destroem a ambição masculina e seus impulsos animais. Os homens nasceram para enfrentar desafios. Elimine o desafio e o interesse vai desaparecer. Isto, em síntese, é a premissa das dicas deste manual. Com certeza, um homem poderá se casar com você se você não seguir as dicas, mas não posso garantir que será um relacionamento gratificante e satisfatório para ambos.

É assim que a coisa funciona: se os homens adoram desafios, nós nos tornamos desafiadoras! Mas não pergunte a um homem se ele gosta de um desafio. Ele pode pensar ou até dizer que não. Ele nem mesmo tem consciência como reage. *Preste atenção ao que ele faz, não ao que ele diz.*

A proposta deste livro não é garantir o mínimo. A ideia é que você aplique as dicas com a pessoa pelo qual você realmente tem um grande interesse. Isto vai exigir esforço, paciência e autocontrole. Mas não vai valer a pena?

AS DICAS

AMOR E RELACIONAMENTO

Você está interessada em entender um pouco mais a respeito de relacionamento? Mesmo sendo uma mulher competente e inteligente você se depara com dificuldades em relacionar-se e busca compreender a falta de harmonia entre pessoas que se amam? Eu garanto que a experiência de refletir sobre o que representa tudo isso resultará em um abundante fluxo de sabedoria que poderá mudar sua vida significantemente.

Em primeiro lugar, quando iniciamos um relacionamento é importante refletirmos se as razões têm a ver com nosso objetivo geral de vida e começarmos a questionar como fazê-lo funcionar, o sentido real que ele pode trazer à nossa vida. Em muitos casos, as pessoas se envolvem em uma relação buscando se completar, esperando que o parceiro lhes traga a tão almejada felicidade. E quando isso não acontece, terminam a relação e continuam na busca pelo par perfeito.

Quando o medo de ficarem sós ou serem abandonadas prevalece, alguma parte da personalidade, do Eu profundo, é sacrificada. Às vezes, para manter alguém em suas vidas, as pessoas perdem toda sua autenticidade, são capazes de fazer qualquer concessão para fazerem jus à imagem que os companheiros têm delas. E quando não recebem um retorno à altura dos sacrifícios que fazem, acabam se frustrando.

Um relacionamento não é um acordo comercial. Seu propósito nada tem a ver com o que se recebe do parceiro, mas com o que se investe na relação sendo o que se é, sem máscaras. Se o verdadeiro Eu não for suficiente para o outro, deixá-lo ir é o melhor remédio, pois alguém irá surgir atraído pela autenticidade e permanecerá, já que conhece, de verdade, a razão de seu amor.

O segredo, e a principal habilidade no relacionamento, é olhar o outro em profundidade, buscando enxergar o melhor que o outro tem em potencial. O ideal é que os casais possam dar um ao outro o que cada um precisa para crescer e tornar-se plenamente o que se pode ser. Devemos permitir que as pessoas a quem estamos ligados se expressem e experimentem quem realmente são. A alma humana não pode atingir a felicidade se for limitada ou restringida de algum modo. A liberdade é a essência do que somos. Só podemos evoluir e crescer se nos tornarmos cada vez mais o que realmente somos.

O nosso objetivo em um relacionamento não é tentarmos descobrir o que podemos tirar, mas o que podemos somar a ele. Em que podemos motivar, tornar o outro melhor? Que potencial do meu parceiro eu poderia ajudar a desenvolver? A tornar real?

Neale Donald Walsch, autor de *Conversando com Deus*, diz que *"é através dos relacionamentos que experimentamos, declaramos, expressamos, realizamos e nos tornamos o que realmente somos"*. A experiência do relacionamento é sagrada: quando entendemos isso, nossa forma de ver, agir e pensar dentro da relação muda radicalmente. Devemos fazer brilhar as pessoas dentro do que já são para que realizem o máximo de seu potencial. Para isto, basta estimulá-las e motivá-las, proporcionar espaço para que se expandam, respirem e cresçam. Muitos relacionamentos chegam ao fim não por falta de amor, mas pelo cansaço das restrições e das limitações impostas e pela constatação de que a experiência de si mesmo no mundo foi reduzida. E isso torna muito difícil a permanência do outro no amor.

Amor é o sentimento mais autêntico dentro da experiência humana e essa autenticidade está intimamente ligada à liberdade. No amor não há espaço para limitação, restrição ou condição de qualquer tipo. Neale Donald Walsh, desta vez em *Aprendendo a Conviver com Quem se Ama*, diz: "Quando amamos, nunca procuramos limitar ou restringir de qualquer maneira aquele que amamos".

É como se o amor dissesse: "desejo para você o que você deseja para si próprio". Quando dizemos o contrário, não estamos amando o outro, mas sim nos amando por meio do outro. Tudo que procuramos é alguém que nos permita ter o que queremos da vida. O mundo todo conspira para não nos deixar ter e ser o que desejamos, a começar pelos pais, professores, sociedade, etc. A alma humana não pode ser restringida ou limitada de modo algum.

Existe uma sutil ironia na forma em que se estabelecem os relacionamentos. A partir do momento em que dizemos *sim*, passamos a *não* fazer a maioria das coisas que nos agradam. Perdemos nossa autenticidade, criamos barreiras artificiais em nome do que supomos ser necessário para o bem-estar do outro. O que se deve fazer então é reconstruir as relações em bases sólidas de uma forma que proclame:

★ Eu não limito você. Não coloco condições para que seja bom permanecemos juntos.

★ Não desejo de forma alguma impedir ou diminuir sua autoexpressão. Na realidade, o objetivo deste relacionamento é abastecer e contribuir para a sua experiência de ser quem você é.

★ Entendo que o amor não limita, não possui, não controla, mas expande, abre mão e libera a melhor parte de quem nós somos.

★ Eu vejo em você o que eu escolho ver em mim. Dou a você o que escolho eu mesma receber.

★ Proponho a todas vocês que façam o seguinte questionamento: podemos usar o relacionamento como uma expressão do tipo mais sublime de amor que somos capazes de imaginar? Amamos nossos parceiros o suficiente para dizer as três palavras mágicas? Não se trata de "eu te amo". Estas estão bastante desgastadas. As três palavras mágicas de todo relacionamento são: *como você quiser*.

Quando estamos preparadas para dizer isso, então verdadeiramente teremos devolvido as pessoas a si mesmas. Até estarmos prontas para isso, simplesmente procuramos usar nossos relacionamentos para conseguir o que imaginamos ser necessário para sermos felizes.

Para auxiliá-la na conquista de um verdadeiro e duradouro amor, por meio de um relacionamento seguro, apresento um roteiro de dicas baseadas em experiências de sucesso, as quais, se corretamente aplicadas, a levarão ao seu objetivo.

DICA **1**

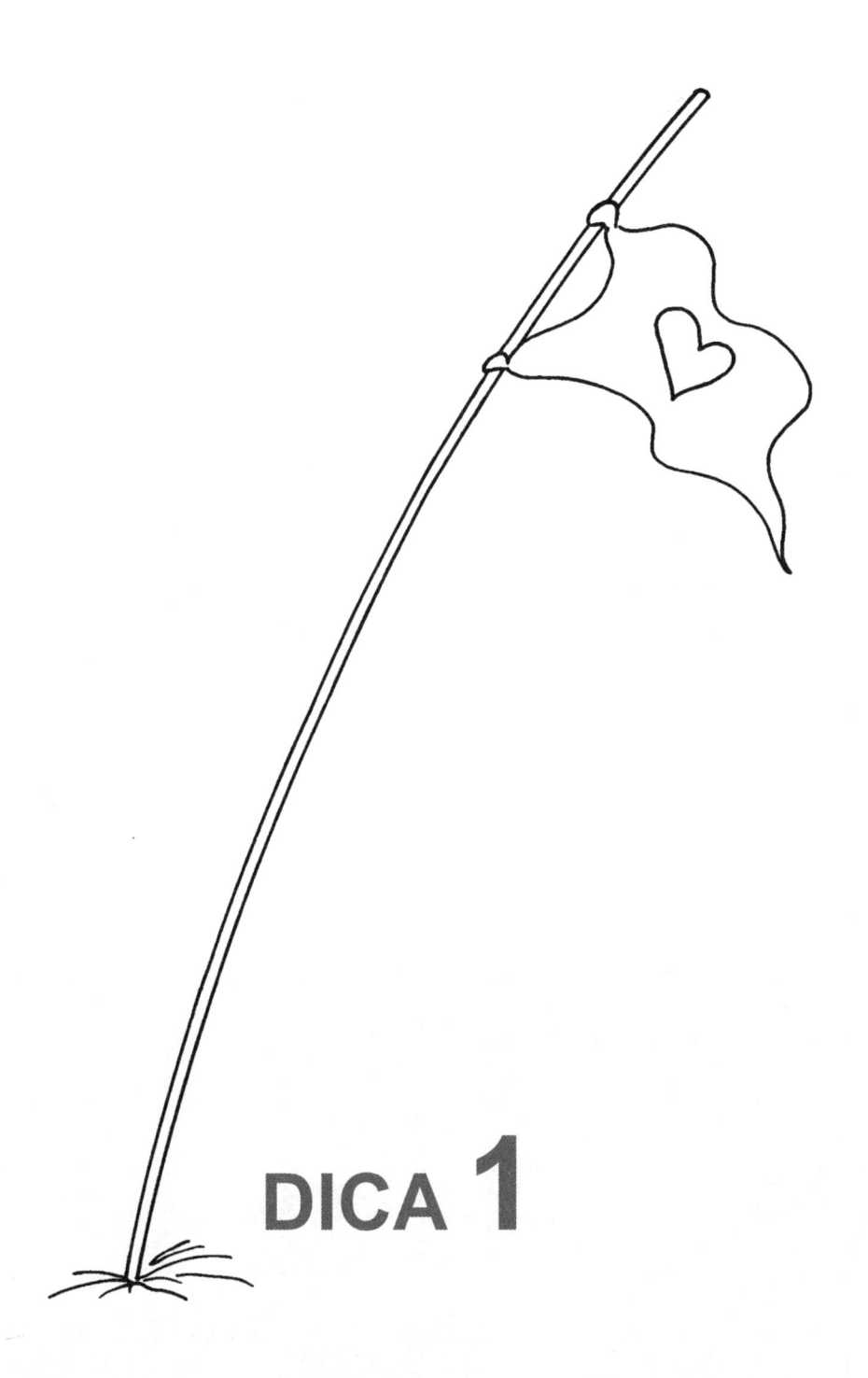

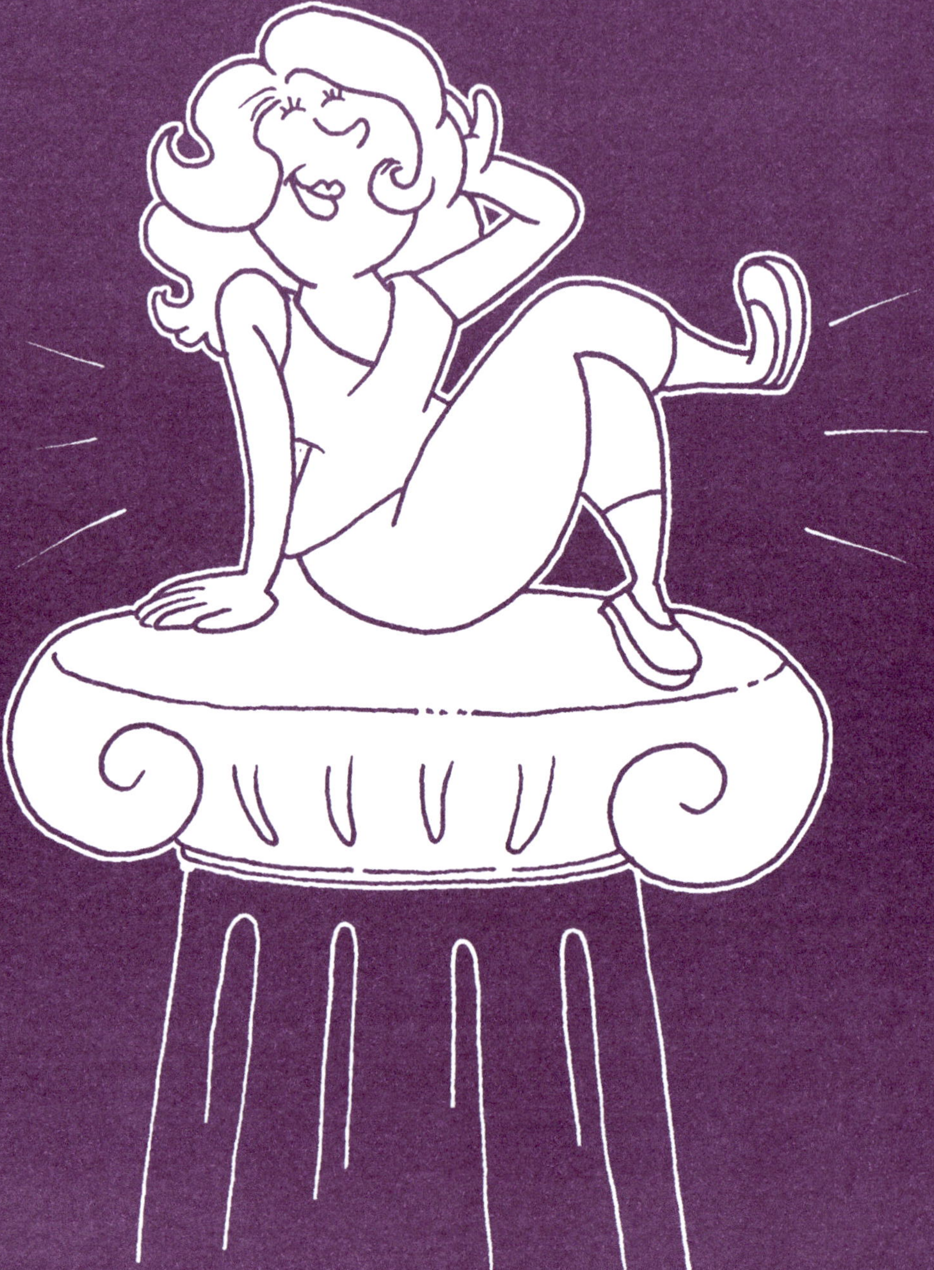

DICA 1
ANTES DE TUDO, INVISTA EM VOCÊ

Para que as dicas possam ser aplicadas para o melhor e mais inacreditável dos resultados, você tem de se transformar na melhor pessoa que puder. Certamente não será perfeita, mas começará a celebrar seus pontos fortes imediatamente.

Todos os especialistas concordam: a autoconfiança tem alto poder de atração. A chave é concentrar-se nos seus pontos altos – a elegância, a inteligência, o senso de humor ou um talento especial – e trabalhar em cima disso. Ou seja, se você quer se tornar inesquecível, seja diferente. Assim se sentirá mais desejável para ele e para todos os outros... Assim ficará menos ansiosa e mais confiante.

Homens gostam de mulheres. Não aja como um homem, ainda que você seja muito independente. Seja feminina. Não conte piadas sarcásticas. Não seja barulhenta, histericamente engraçada. Isto fica bem quando você está só com suas amigas. Quando estiver com o homem de quem você gosta, seja discreta e misteriosa. Uma mulher que não diz tudo de si mesma tem certa aura de mistério que provoca e mantém aceso o interesse masculino.

O segredo é dar a impressão de que você pensa mais coisas do que diz. E não importa se o conhece há dez minutos ou dez anos, você pode mantê-lo para sempre na sua vida na expectativa de surpreendê-lo inesperadamente. O propósito é manter a sensação de que ele nunca saiba nem da metade do que julga saber.

Aja com requinte, cruze as pernas e sorria. Não fale demais.

Irradie energia: uma mulher que transpira felicidade é um imã, chama-se esse fenômeno de princípio da atração. Os homens dão tudo por um pouco dessa energia.

Mulheres que se lançam em atividades satisfatórias, que ocupam a mente com diversas tarefas gratificantes, atraem sempre homens interessantes.

Não pareça cínica nem deprimida, tampouco conte histórias cansativas sobre todas as pessoas que a magoaram ou a desapontaram. Não faça do seu marido em potencial um terapeuta. Ao contrário, aja como se você já tivesse nascido feliz. Não conte tudo a seu respeito. Diga obrigada e por favor. Pratique este comportamento requintado sempre.

Colocar a autoestima em prática requer um trabalho persistente, com decisão de dizer a verdade, empenhar-se para viver as próprias crenças, arriscar-se a perseguir os próprios sonhos e achar-se no direito de expressar o seu desejo. Investir no crescimento da autoestima, independentemente de você ter um parceiro, permitirá relacionamentos mais saudáveis. Onde e com quem estiver, você transmitirá alegria, otimismo, ânimo; entenderá o que lhe dizem sem deturpar as palavras, pois quando a autoconfiança está baixa, a tendência é encarar qualquer comentário como indireta, toda crítica como desaprovação, qualquer ausência como rejeição.

Todas nós ficamos felizes quando nos elogiam ou concordam com nossas ideias. Algumas pessoas, porém, necessitam o tempo inteiro da aprovação alheia, ou seja, são dependentes emocionais. Como as críticas têm o poder de derrubá-las, mudam de opinião só para agradar, pedem desculpas por banalidades e duvidam das próprias escolhas.

Alguns segredos simples que a ajudarão a sentir melhor e fortalecerão sua autoestima rapidamente:

- ★ Volte a mente para o passado, relembre bons momentos e um que você se sentiu amada e protegida. Pode ser qualquer ocasião, um grande acontecimento ou um pequeno momento.

- ★ Relembre um momento em que se sentiu bem-sucedida. Sua formatura, quando conseguiu um emprego, uma promoção... pode ser qualquer momento que lhe traga uma forte lembrança de seus sentimentos de sucesso.

★ Lembre-se de uma ou mais ocasiões em que fez algo importante para alguém, suas contribuições a outras pessoas como um ato de desprendimento. Não importa se foi algo pequeno ou grande. Recorde-se sempre das maneiras positivas pelas quais você toca a vida dos outros.

★ Pense nas pessoas que você ama e nas que já amou. Recorde-se de alguém que já sentiu amor por você, fortemente. Deixe que essa sensação invada seu coração por um tempo.

★ Conscientize-se de que você tem um lugar no mundo com um potencial que ninguém poderia preencher da mesma maneira. Lembre-se de que a família, os amigos, conhecidos e colegas de trabalho são afetados por você nas grandes e pequenas coisas. Procure deixar um rastro de luz no caminho de sua existência!

Lembre-se:

★ Cuide do corpo, coma corretamente. Exercite-se: o exercício físico libera endorfina, que a faz sentir-se mais feliz e vigorosa.

★ Mude maus hábitos, como o desmazelo; os homens gostam de mulheres arrumadas e limpas.

★ Não ande por aí com qualquer roupa velha, com a teoria de que o que vale é o interior e não a aparência. Repense isso!

★ Os homens gostam de mulheres bem vestidas. Se você não entende muito de roupas, leia revista de moda. Consulte uma amiga cujo gosto você admira. Lembre-se de que você está se vestindo para os homens, não para outras mulheres. Obtenha uma aparência bem feminina.

★ Seja uma compradora inteligente. Compre poucas coisas boas e clássicas e combine-as com acessórios. Roupas boas não significam, necessariamente, caras. Visite lojas de departamentos, se não tiver disposta a gastar muito. Lembre-se de investir um pouco mais em acessórios como sapatos e bolsas. Nunca saia sem usar maquiagem. Passe batom até mesmo se for correr. Podemos sempre parecer melhor do que somos. Muitas mulheres não percebem o seu próprio potencial!

★ Faça tudo o que puder para melhorar a sua aparência. Pinte os cabelos brancos, deixe o cabelo crescer. Os homens preferem cabelos longos, não importa o que o seu cabeleireiro ou suas amigas pensem sobre o assunto. Dependendo, porém, do formato do rosto, cabelos curtos caem muito bem, principalmente se o rosto for oval.

★ Manicure, pedicure, limpeza de pele e massagens, depilação devem fazer parte de sua rotina. Não esqueça de passar um bom perfume quando sair, mas não exagere.

★ Agora que você já se produziu, é hora de agir de acordo. Busque ter autonomia emocional, o que não equivale a egoísmo. Uma coisa é amar e outra, depender. Considere a diferença entre as afirmações "quero viver com você" e "não posso viver sem você".

★ Dizer "não" de vez em quando não fará com que perca o afeto de ninguém.

★ É impossível agradar a todo mundo, portanto seja educada, mas autêntica: não tente ser simpática o tempo todo.

★ Reconheça o seu direito à privacidade. Você não tem que compartilhar tudo com a família e os amigos.

Permita-se (e permita aos outros) realizar uma atividade sem as pessoas a quem se sente mais ligada.

★ Lembre-se: a felicidade dos outros não depende de você, depende deles.

★ O segredo das boas relações está no respeito mútuo pela autonomia alheia.

★ Assuma o controle da sua vida. Evite comprar coisas de que não precisa, aceitar convites indesejáveis e concordar com algo só para agradar.

★ Faça uma lista daquilo que quer realizar. Encare seus objetivos de forma realista e mantenha os pés no chão na hora de cumpri-los.

DICA 2

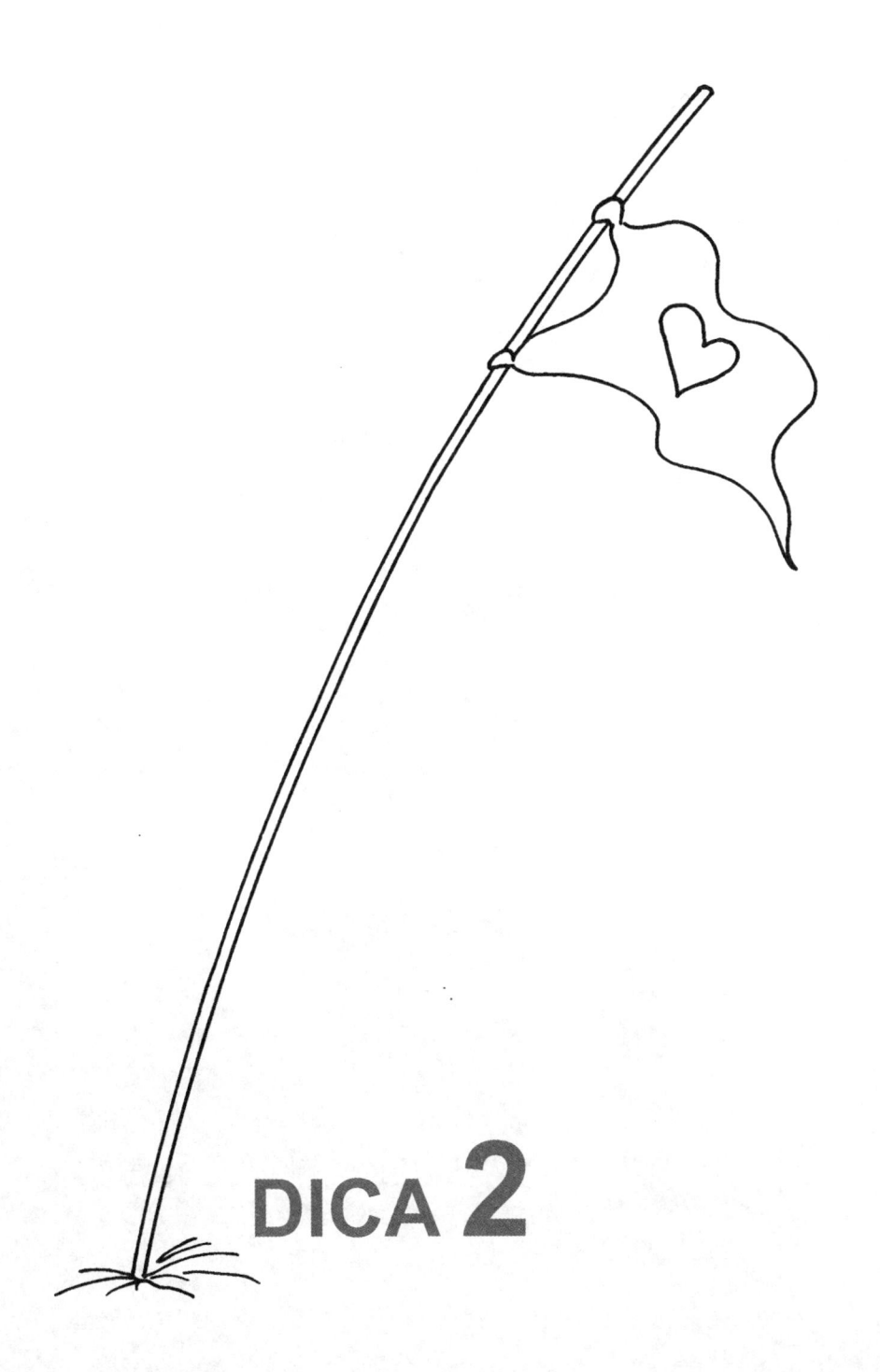

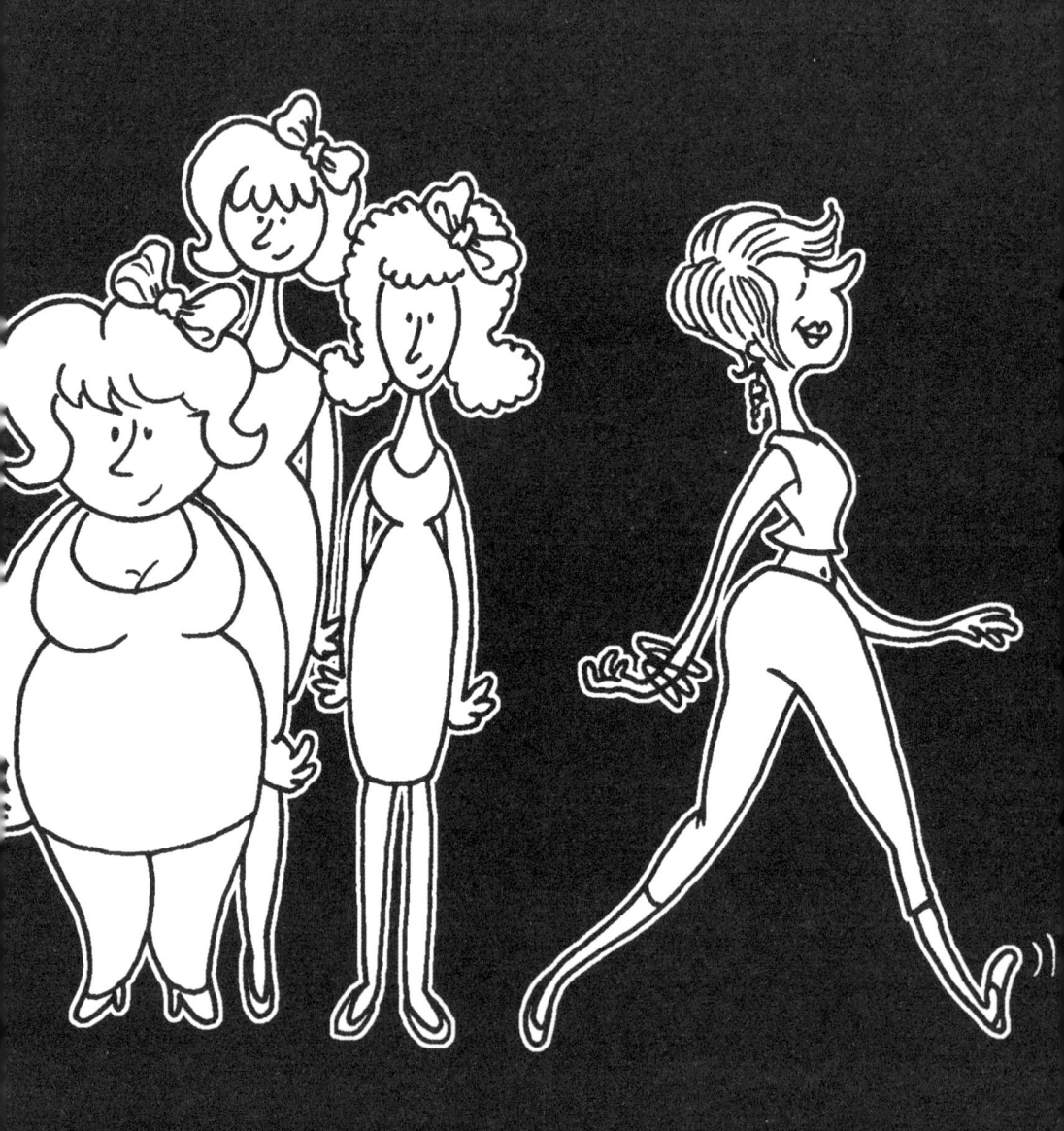

DICA 2
NÃO ENTRE NO BANDO. SEJA DIFERENTE!

Ser uma mulher diferente das outras é um estado de espírito. Você não tem que ser rica, bonita, ou excepcionalmente inteligente, para se sentir assim. E tampouco tem que ter nascido com esta sensação. Ela pode ser aprendida, exercida e ensinada. Comece a melhorá-la imediatamente, respondendo às perguntas abaixo. Esta reflexão a ajudará a perceber como está o seu estado de espírito e como a autoestima se manifesta em sua vida. Responda todas as perguntas de acordo com seus verdadeiros sentimentos:

1. Prefiro ficar em casa a ir a uma festa.

2. Às vezes me permito um excesso de álcool, cigarro ou comida.

3. Eu me visto de maneira conservadora para não chamar a atenção.

4. Sinto que é importante justificar minhas atitudes para os outros.

5. Preocupo-me muito com o que os outros pensam de mim.

6   Gosto de uma boa discussão apenas pela discussão.

7   Não exijo muito de mim nem assumo riscos no trabalho ou na escola.

8   Sinto raiva dos outros com frequência.

9   Acho difícil dizer não.

10 Gosto de contar vantagens sobre minha vida aos outros.

As frases de número ímpar pretendem levá-la a pensar sobre como sua baixa autoestima a faz evitar certas pessoas, situações ou sentimentos. As afirmações de número par sugerem maneiras de você estar sendo compelida a se defender da baixa autoestima. Esses padrões podem mudar. Procure fortalecer seu senso de autovalorização, de modo que essas defesas não sejam mais necessárias.

Ser uma mulher diferente das outras é realmente uma atitude, uma sensação de confiança e esplendor que permeia o seu ser da cabeça aos pés. É a maneira como você ri (iluminando o ambiente), fazendo uma pausa entre duas frases – não falando compulsivamente, só de nervosismo. Ouça atentamente, olhe recatadamente – sem encarar, respire suavemente, fique de pé – ereta, e caminhe agilmente, com os ombros para trás.

Não importa que não seja a rainha da beleza, que não tenha terminado a faculdade ou que não vá a todos os eventos do momento. Você simplesmente se acha o máximo! Você é mais confiante do que as mulheres com títulos universitários ou dinheiro no banco. Não rasteja, não é desesperada nem ansiosa. Não sai com homens que não estão realmente a fim de você. Confia na abundância e na sabedoria do universo: se não for ele, será alguém melhor do que ele, diz. Não se acomoda.

Você é uma otimista, segue em frente! É claro que não é exatamente assim que você se "sente". Isto é o que busca sentir até que pareça real. Você age como se fosse!

Quando for a uma festa, levante a cabeça e seu astral. Pegue uma bebida, uma água talvez, mesmo que não esteja com sede. Isto deixará suas mãos ocupadas e, então, não precisará roer as unhas ou enrolar os cabelos de nervosismo. Você não demonstrará que está nervosa, ainda que esteja de fato. Este é o segredo: aja como se tudo estivesse ótimo, ainda que não esteja. Ande com naturalidade como se soubesse onde está indo, embora seja apenas ao redor do salão. Fique em movimento e não permaneça em um ponto esperando por alguém. Eles têm de pegar você em movimento.

Se não se acha bonita, se pensa que outras garotas estão melhor vestidas ou são mais magras ou agradáveis, guarde isso para você. Diga a si mesma: – "Feliz o homem que me conquistar" – até que comece a acreditar realmente nisso. Se um homem se aproximar, responda às perguntas dele de maneira simpática sem falar demais, ou seja, você é contida, um tanto misteriosa. Deixe-o ansioso por mais um pouco. Depois de alguns minutos diga: "Acho que vou dar uma volta".

A maioria das mulheres fica rodeando os homens a noite toda esperando ser convidada para dançar. Mas você segue as dicas. Se ele quiser ficar com você ou pegar o número do seu telefone, vai ter de vasculhar o salão lotado até encontrá-la. Você não vai lhe oferecer sua caneta ou o seu cartão de visitas, não vai deixar nada fácil para ele. O fato é que ele tem de fazer todo o trabalho. Enquanto ele desaparece para procurar uma caneta, você fica ali quietinha, dizendo a si mesma: "as dicas começaram a funcionar!".

É simples. Você aplica as dicas e confia que um dia um príncipe vai reparar que você é diferente de todas as outras mulheres que ele conheceu e a pedirá em casamento. Seja única!

Lembre-se:

★ Seja discreta, reservada, recatada.

★ Descubra dentro de si a real essência feminina, o que a mulher possui de mais valioso, muito além do culto à beleza e a ilusão que a perfeição das formas nos atribui.

★ O segredo é o que vem de dentro para fora, o poder oculto, a sensualidade que existe latente dentro de você, no sorriso e no olhar indecifrável, no andar elegante de quem tem postura por convicção, atitude por confiança e autoestima soberana.

★ Comunique-se de uma forma silenciosa por meio da energia que propaga, da linguagem do seu corpo que transmite uma autoconfiança plena, demonstrando objetividade e coragem para enfrentar obstáculos, fazendo escolhas mais criteriosas, tomando decisões com mais segurança.

★ Celebre a jornada, não somente o destino. Recolha as conquistas que você tiver ao longo do percurso.

★ Pare de arrumar provas para confirmar seus piores medos. Aprenda a detectar em si mesma sentimentos e atitudes negativas e substitua-os por pensamentos positivos.

★ Mantenha a dignidade. Decida a maneira como quer ser tratada.

★ Seja autêntica. Nunca diga *sim* quando, interiormente, quer dizer *não*.

★ Usufrua do direito de dar suas opiniões. Mude de ideias, peça socorro ou proteste contra quem a maltrate.

★ Entenda que passado é passado e que você não pode mudá-lo. Mude o seu presente. Livre-se de antigos limites que a restringem.

★ Aprenda que atingir a perfeição é impossível. Aceite seus defeitos, eles fazem parte de sua individualidade.

★ São essas mensagens, passadas por meio das atitudes, do encantamento que vem do interior, que fazem a diferença, ultrapassando os atributos físicos, propiciando, assim, conquistas, se não definitivas, ao menos duradouras.

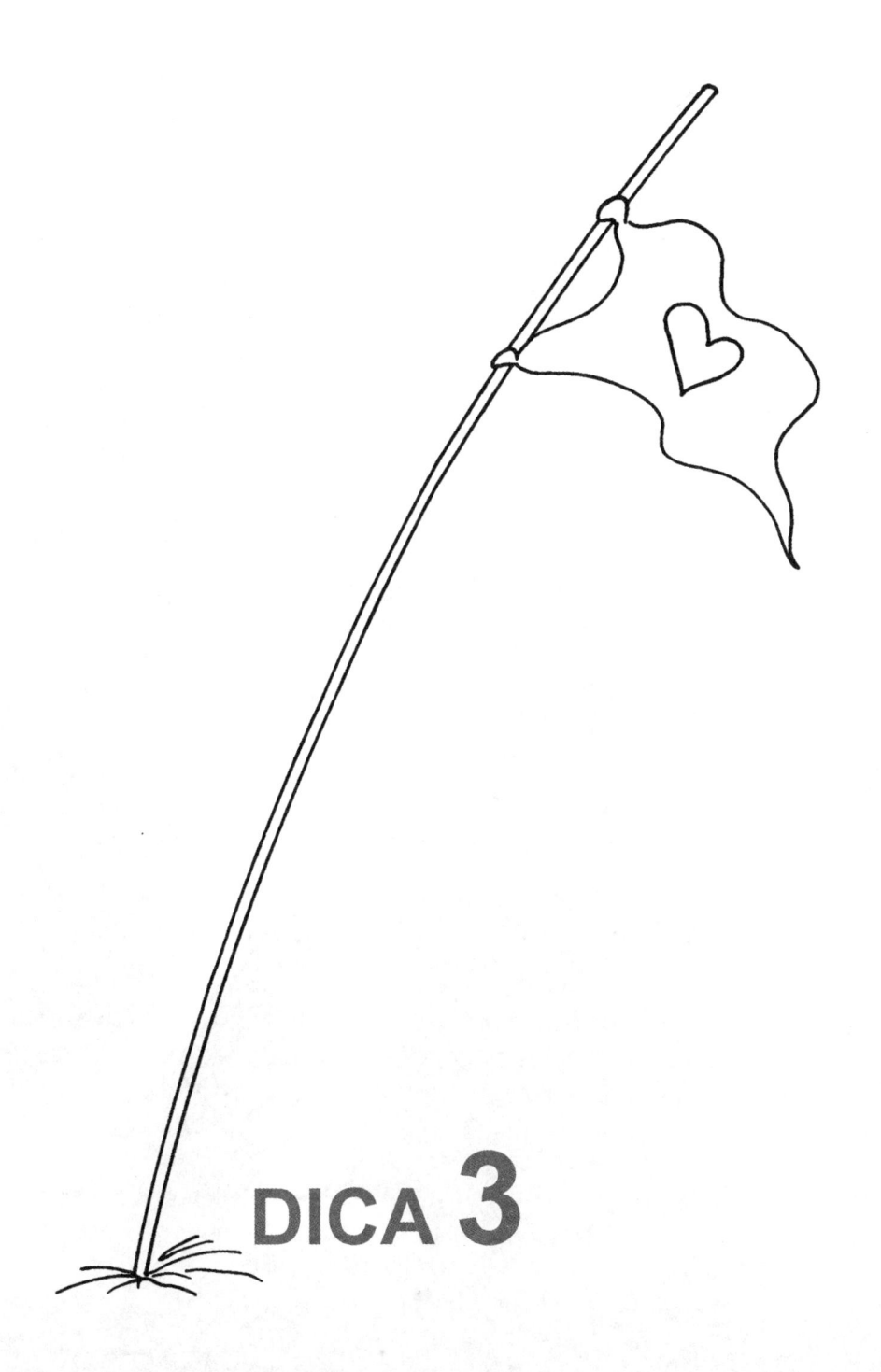

DICA **3**

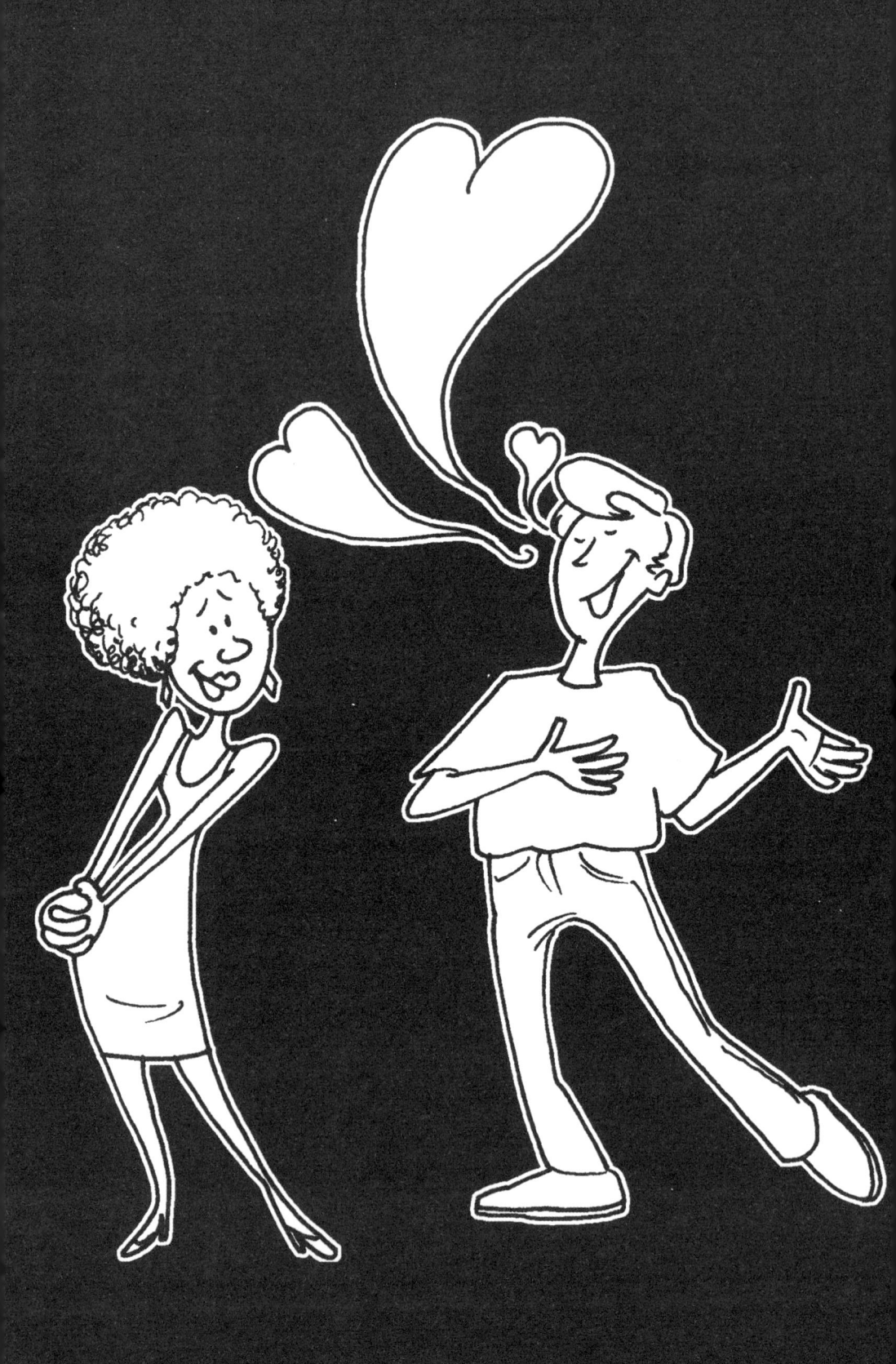

DICA 3
A ARTE DE FAZER CONTATO

Em um primeiro contato, não ataque direto os seus objetivos, antes faça com que ele venha até você. Não diga nada antes, nem mesmo perguntas aparentemente inofensivas, como "você vem sempre aqui?" A premissa das dicas é a de que jamais faremos algo acontecer porque confiamos na ordem natural das coisas, ou seja, que o homem comande o espetáculo. Uma boa primeira impressão é a que reflete o verdadeiro "eu" da pessoa e mostra o melhor dela. Por isso é tão importante cuidar do modo como você se apresenta, como é percebida pelos outros. Há o risco de ser mal compreendida por atitudes que você não é capaz de perceber. Por exemplo, se é tímida, pode ser vista como distante, fria, convencida...

Um fator fundamental para o fluir das relações é fazermos uma pergunta para nós mesmas: como o outro se sentiu interagindo comigo? Satisfazer as necessidades do outro é o princípio básico dessa delicada química que envolve um leque de atitudes com bases profundas.

A maioria dos homens não são tímidos, e só não se aproximarão se não estiverem interessados. O homem certo é aquele que falará com você primeiro, telefonará e, basicamente, realizará a maior parte das tarefas no começo do relacionamento porque precisa conquistá-la. As mulheres que não concordam com essas premissas, eu asseguro a você, ficam inconsoláveis quando as suas iniciativas são rechaçadas: quando isso ocorre, você perdeu a chance dele persegui-la, deixou tudo fácil demais, e este fato sempre permeará a relação, ainda que mais tarde venham a viver juntos. Ele não parecerá realmente apaixonado por você e sua insegurança atormentará a relação.

Não convide um homem para dançar, mesmo que esteja aborrecida ou solitária. Nem sequer pare ao lado de alguém de quem goste na esperança de que ele a convide, como fazem muitas mulheres. Você tem de esperar que alguém repare em sua pessoa.

Pode ser que volte para casa sem ter encontrado ninguém de quem tenha gostado ou mesmo sem ter dançado uma única música. Sempre haverá outra oportunidade. Pelo menos conseguiu pôr as dicas em prática.

Infelizmente, mais mulheres do que homens vão a festas para encontrar "o parceiro ideal". A aflição e a ansiedade dessas mulheres roubam o que elas têm de melhor e terminam falando com os homens primeiro ou convidando-os para dançar. Se você for uma delas, é melhor ficar em casa e ler as dicas do que sair e fracassar.

> **Lembre-se:**

★ Ao conversar pela primeira vez com um homem é preciso prestar atenção em muitas coisas além das palavras, como na energia dele, na linguagem corporal de modo geral. Por isso evite uma longa conversa por telefone com alguém que você ainda não viu pessoalmente ou viu poucas vezes. A química do telefone nem sempre se transforma em uma química verdadeira.

★ Há sinais que emitimos que podem ser positivos ou não, como por exemplo: a boa aparência (não se trata de ser bonita, e sim de se cuidar, ter estilo, não ser extravagante), a linguagem corporal (sorriso, postura descontraída, não falar alto, não dar gargalhadas, não ficar de braços cruzados).

★ Estar aberta, ou seja, ter um comportamento altruísta. Uma das formas de demonstrar é olhar nos olhos do outro, chamá-lo pelo nome uma ou duas vezes no primeiro encontro.

★ Formule questões que não limitem as respostas, em vez de dizer: "onde você trabalha?" Por exemplo, prefira: "me fale sobre o seu trabalho".

★ Aborde aspectos positivos das questões. Quem emite opiniões pessimistas, ou tem reações impulsivas exageradas, logo em um primeiro encontro, perde muitos pontos e pode ser fatal para o futuro de uma relação.

★ Observe quanto tempo você passa falando sobre um assunto. Cria pausas entre as palavras, dando ao outro espaço para interpor? Fala muito depressa? Muito alto?

★ Enfim, seja cordial, interessante e exerça seu poder de sedução que é capaz de fazer o outro se sentir mais à vontade à sua volta, podendo se manifestar de muitas formas, por meio do olhar, do sorriso e do interesse sincero.

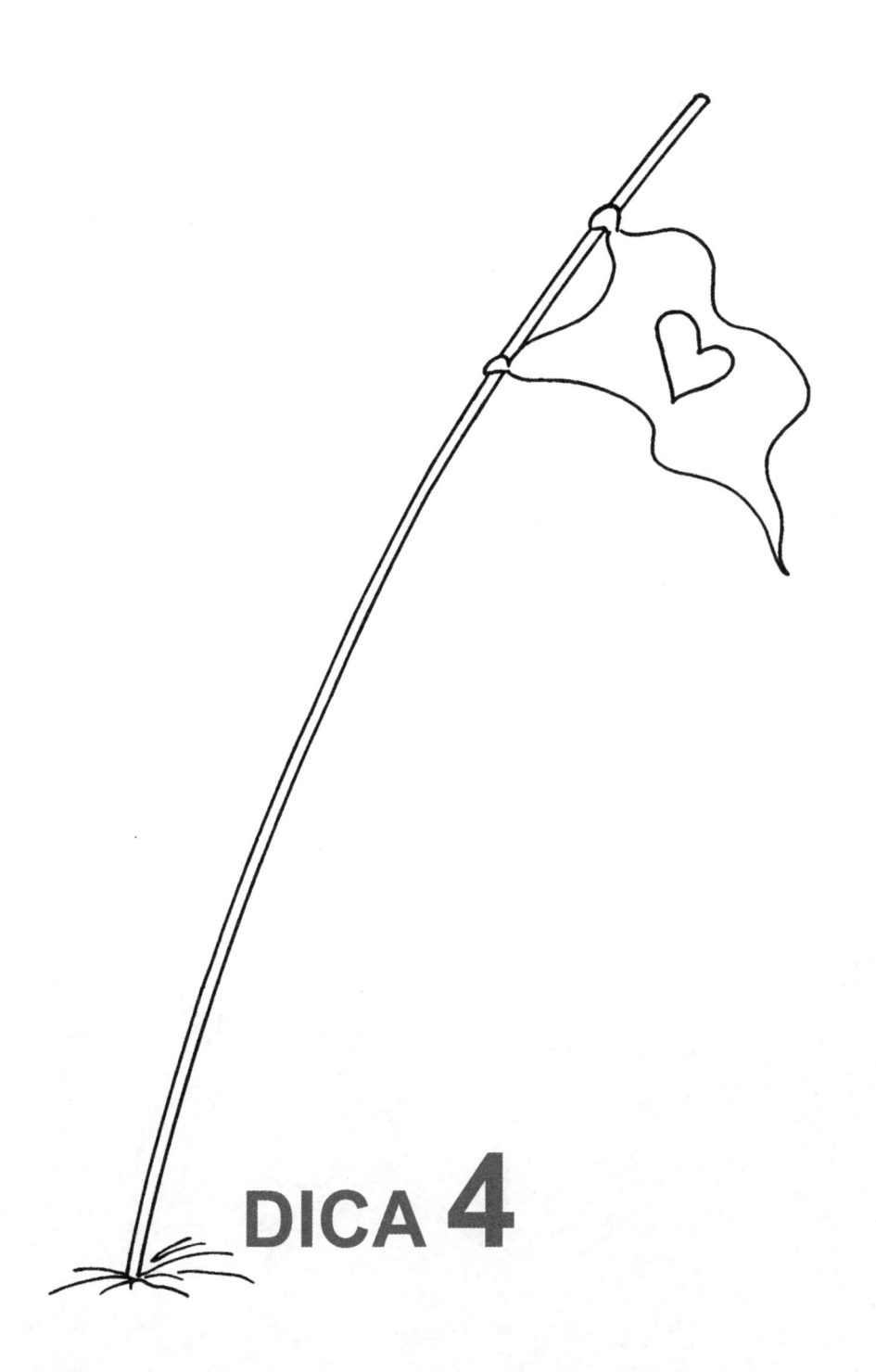

DICA 4

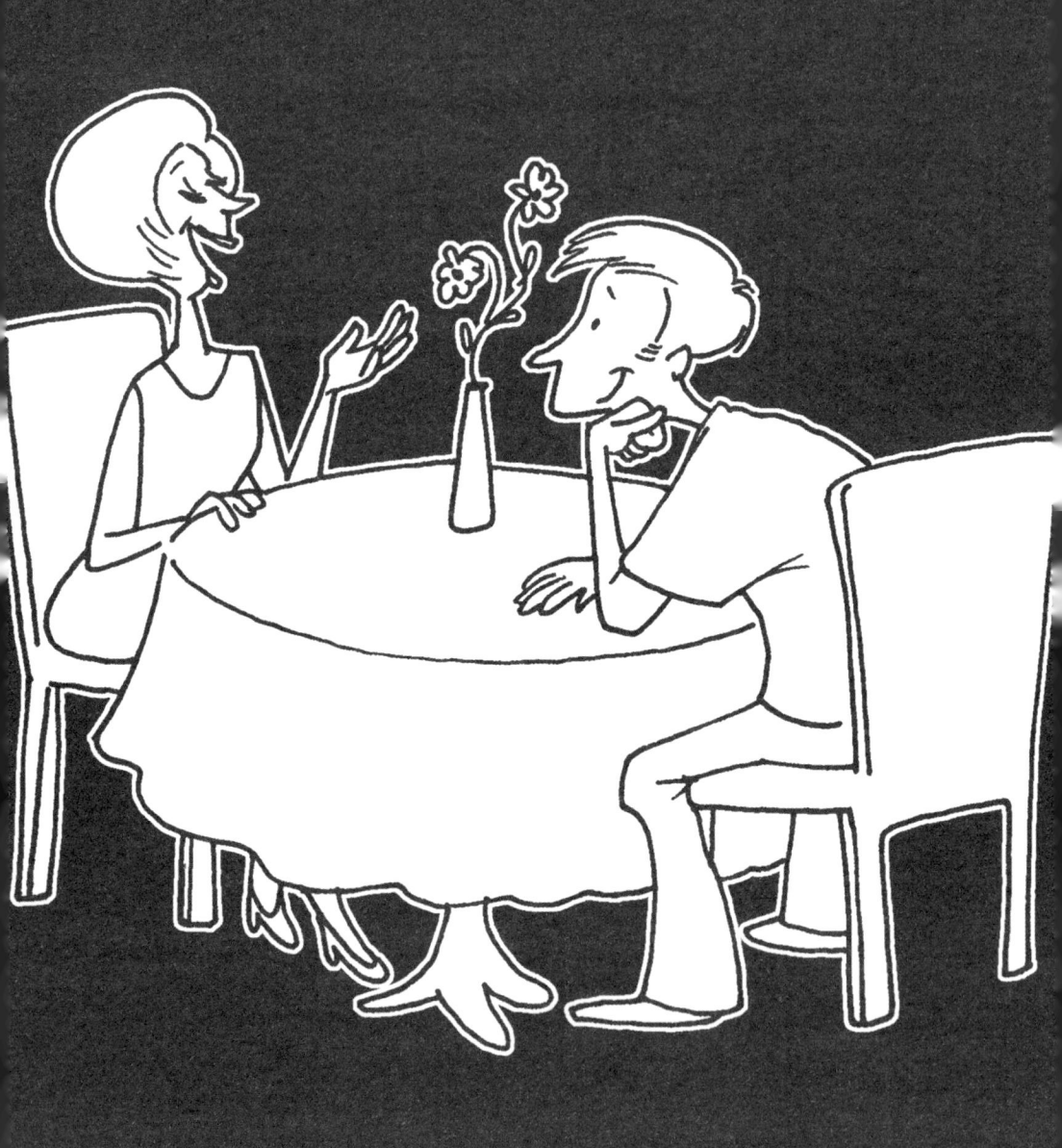

DICA 4
O OLHAR SEDUZ, A FALA CONQUISTA!

Fixar o olhar em um homem antes que ele note sua presença é uma total demonstração de interesse em conquistá-lo. Deixe que ele lhe dirija o olhar primeiro! Para os homens perceberem que você está receptiva, sugiro simplesmente um sorriso e um olhar descontraído e acessível. É assim que se atrai a atenção de um homem e não encarando-o. É melhor parecer interessada na vida, nos quadros da parede do que se concentrar naquele ideal de homem. Ele vai se sentir inflado e autoconfiante se você o encarar demais, ou olhar romanticamente nos olhos dele.

Contenha-se. Deixe-o tentar atrair a sua atenção onde quer que vocês estejam. Quando o encontro acontecer, você deve estar pensando o que falar! Usando a inteligência você permanecerá na sua e vai ouvir o que ele tem a dizer. Siga o comando! Se ele quiser falar sobre boates, baladas, diga a quais você já foi e de quais gostou mais. Quando for conveniente, mostre a ele que você acompanha os acontecimentos do seu tempo e tem interesses específicos. De modo geral, não revele a ele seus problemas pessoais, de trabalho, de família. Não seja pesada, nem tampouco seja engraçadinha se ele for sério. Dance conforme a música.

Haverá momentos em um encontro em que nenhum dos dois terá nada a dizer. Não sinta necessidade de preencher esses silêncios. Não fique achando que você deva ter uma conversa interessante o tempo inteiro. Ele vai pensar que você está se esforçando demais. Apenas fique ali! Lembre-se, os homens se apaixonam pela sua essência e não por qualquer coisa específica que diga.

Antes de qualquer coisa, os homens é que devem imaginar se acaso eles estão ou não despertando o seu interesse. Além do mais, os homens consideram chatas mulheres tagarelas.

Durante o encontro, seja discreta e reservada. Ele vai ficar imaginando o que você está pensando, se ele está lhe causando boa impressão. Ele vai achá-la interessante e misteriosa, diferente de muitas mulheres com quem já saiu.

Conhecer o outro é um processo que não pode ser acelerado. Por maior que seja a atração, a química, alguns relacionamentos simplesmente não acontecem. O que ocorre com todas essas afinidades cheias de potenciais que se desfazem tão depressa? E os relacionamentos que poderiam progredir, mas ficam estagnados ou logo perdem o rumo?

No começo é tudo obscuro, você terá de decifrá-lo aos poucos, principalmente se ele é bom em disfarce. A ansiedade refletirá no relacionamento: todas as pessoas têm lugares vazios interiormente e anseiam que sejam ocupados, mas o outro não conseguirá preencher e complementar os seus anseios.

Lembre-se:

- ★ Nunca tome a primeira iniciativa na aproximação. Dê sinais de abertura, como um leve sorriso, mas jamais assedie.

- ★ Não banque a oferecida. Não há nada mais vulgar para uma mulher.

- ★ Não o encare, como que intimando-o. Olhe-o nos olhos por três segundos e dê um sorriso discreto, depois continue conversando com as amigas que estão ao seu lado, como se estivesse se esquecido dele por alguns instantes.

- ★ Olhe discretamente para um homem. Caso ele responda, baixe os olhos; se ele insistir, olhe novamente, sorria um pouco tímida.

- ★ Ele se aproxima; não fale muito, seja misteriosa, ele ficará com vontade de descobrir mais...

- ★ Depois que acontecer a aproximação e a conversa fluir, deixe que ele conduza a conversa. Os homens em geral são muito vaidosos, eles possuem uma necessidade de serem ouvidos para se sentirem importantes e valorizados. Então faça perguntas abertas em que eles possam falar de si, mostre-se interessada no que ele disser e ouça, ouça sempre!

★ Lembre-se, nesse momento a beleza é apenas um dos quesitos atrativos, o que vai prevalecer com força são as atitudes como: ser sutil, alegre, sensual, sem ser vulgar, demonstrar cuidados com o próprio corpo, unhas feitas, cabelos limpos, roupas harmônicas, gestos delicados.

★ Nem sempre o primeiro que aparece é o parceiro ideal para formar uma família, por mais que você se sinta pronta para isto. Não confunda amor com oportunidade.

★ Algumas oportunidades de relacionamento que aparecem são por conveniência; ainda que ele tenha todos os requisitos para ser o marido perfeito, ou seja, possua todas as credenciais, fique atenta, você precisa de um relacionamento que a deixará feliz e não de um currículo.

★ Contenha a impulsividade feminina latente, evite mostrar tudo, contar tudo, fazer tudo na primeira noite.

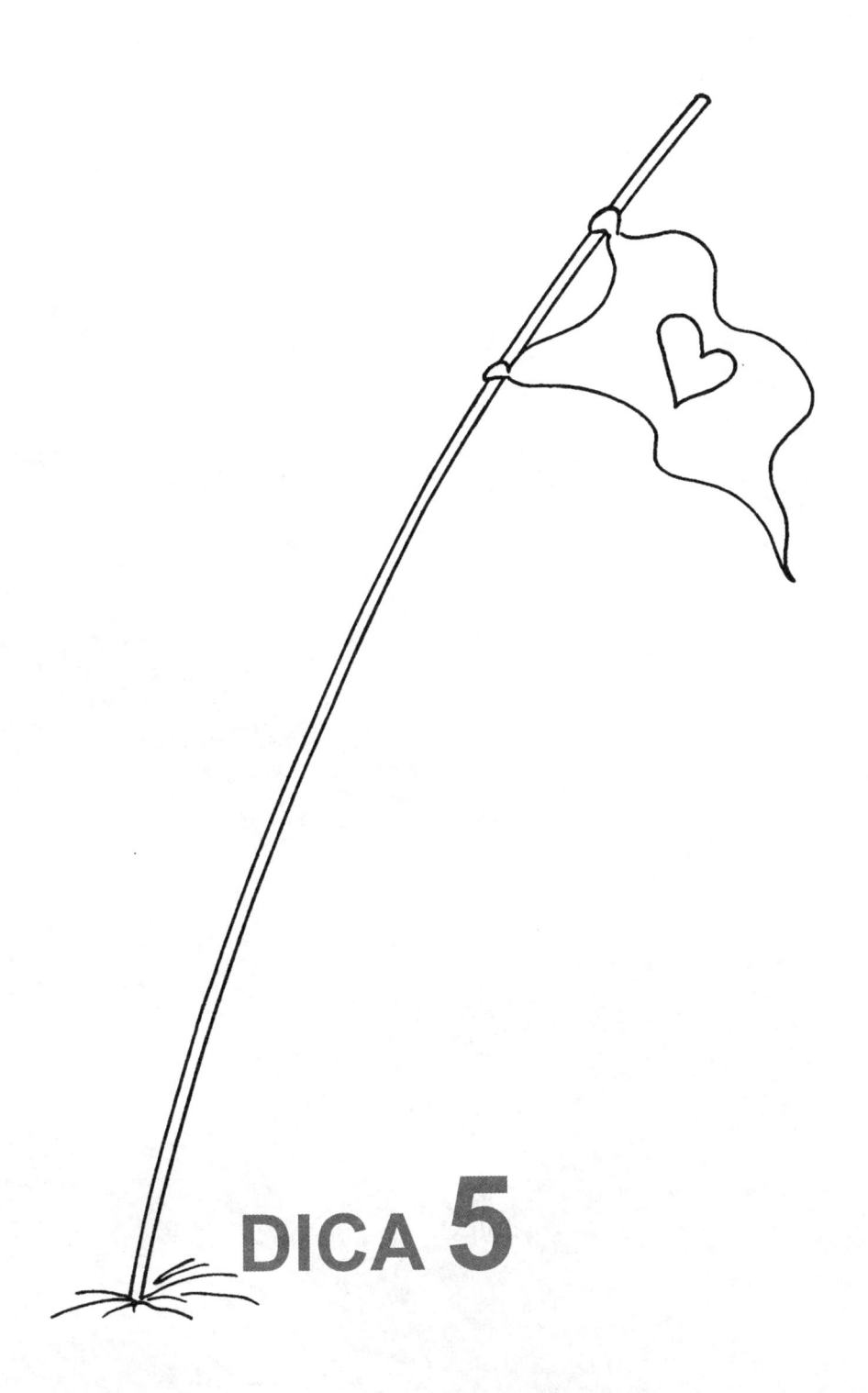

DICA 5

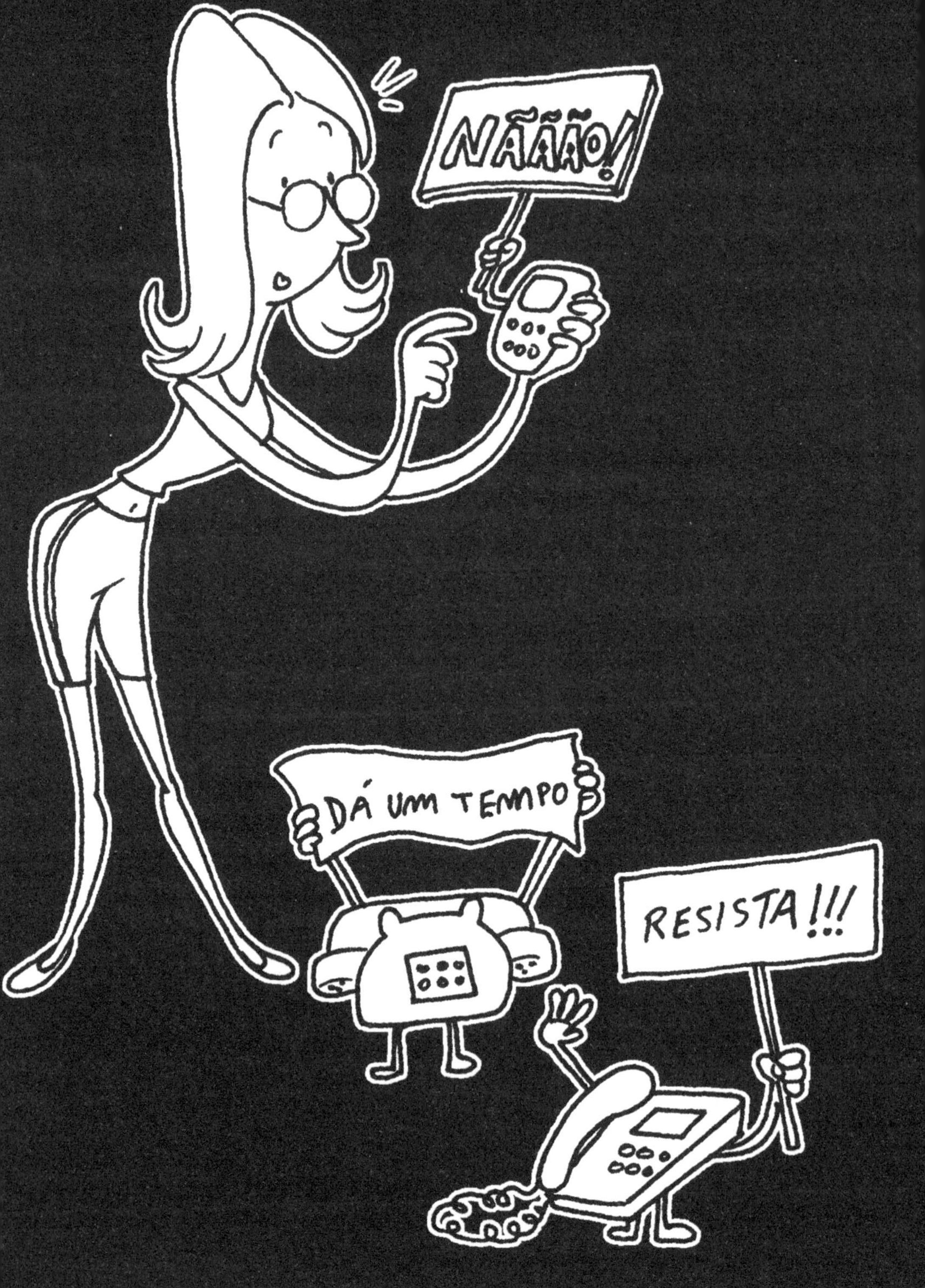
NÃÃÃO!
DÁ UM TEMPO
RESISTA!!!

DICA 5
LIGAÇÕES PERIGOSAS

Se você não quer que um homem saiba o quanto você gosta dele ou que você se sente vazia ou insegura, não ligue para ele. Ele é que deve ficar ligando para você, até conseguir marcar um encontro.

Telefonar para homens é persegui-los, o que é totalmente contrário às dicas. Um outro motivo para não lhes telefonar é evitar pegá-los no meio de alguma atividade – um jogo de futebol na TV, dirigindo, ou mesmo dormindo – momento em que eles não estarão com disposição para falar ao telefone e você pode interpretar a sua indisponibilidade como desinteresse. Compreensivelmente, você se sentirá vazia e nervosa pelo resto do dia ou da noite, até que fale com ele de novo, para perguntar: "Está tudo bem?" ou "Você ainda gosta de mim? Sente minha falta?" E você acabará burlando as dicas!

Caso ele deixe uma mensagem na sua secretária eletrônica, para que você retorne a ligação, seja tranquila e breve. Quando você telefona apenas de vez em quando, torna-se especial.

Não se preocupe em parecer rude. Quando ele deseja estar com você não vai pensar que está sendo grosseira, apenas ocupada – e os homens sempre ligam novamente. Quando os homens lhe telefonam, a conversa é sempre melhor, pois são eles que conduzem o diálogo, sentem sua falta naquele instante. São eles os caçadores, pensam no que vão dizer e como vão dizer. Eles estão disponíveis.

Quando eles ligam, você deve estar ocupada e, educadamente, encurtar a conversa; termine sempre a ligação primeiro. Não fique ao telefone por mais de dez minutos. Ao terminar primeiro a conversa, você o deixará a fim de mais. Algumas sugestões para bons finais de conversa são: "Tenho muitas coisas para fazer", "estou realmente ocupada agora", "foi muito bom conversar com você", "estão me esperando, tenho que correr!" Lembre-se de dizer essas coisas de uma maneira bem simpática, sem parecer esnobe.

Um dos maiores erros é falar com os homens como se eles fossem terapeutas, vizinhos ou amigos. Lembre-se, não se envolva emocionalmente tão rápido.

No começo de um relacionamento, o homem é um adversário (se ele for alguém em quem você realmente está interessada!). Ele tem o poder de magoá-la se deixar de ligar, se lhe tratar mal ou mesmo, estar perto, porém indiferente. Proteja-se da dor desnecessária. A vida já tem bastante sofrimento sem que o "nosso" homem em questão acrescente um pouco mais.

Se você liga frequentemente para ele, não se acostumará a convidá-la para sair ao final de cada encontro. Ele tem que aprender que se deixar de convidá-la quando estiver com você, pode não encontrá-la tão cedo por telefone e ficar sem vê-la por mais uma semana. Não é que seja impossível localizá-la, você apenas é muito ocupada com atividades e outros compromissos e planeja tudo com antecedência. Mas não o repreenda por não ter ligado antes... "Apenas diga: realmente eu adoraria, mas não posso". (Ele vai perceber que deveria ter ligado antes).

Não se surpreenda, no entanto, se depois do primeiro encontro um homem levar uma semana ou duas para telefonar de novo. Lembre-se, ele tinha toda uma vida antes de encontrar você! Não se desespere! Apenas se ocupe (assim não pensará nele vinte e quatro horas por dia). Não ligue para "ver como ele está" nem qualquer outra desculpa. Dê-lhe um tempo, espere que ele telefone, tenha uma atitude pragmática; se ele gostar de você, acabará telefonando; senão, azar o dele! Venha o próximo! Quando finalmente ele ligar, seja simpática e amigável! Não procure saber por que ele não havia telefonado antes.

Ao desligar primeiro o telefone, não precisa se preocupar se ficou muito tempo, se o aborreceu ou se revelou muito sobre si mesma. Não importa se a conversa está ótima, se o tempo venceu, a conversa acabou! Lembre-se, você quer sempre ser misteriosa. Desligar primeiro o telefone cria um certo mistério na cabeça dele. As dicas e um relógio o farão pensar muito em você.

Você pode pensar que os homens vão achar meio rude terminar abruptamente uma ligação e não telefonarão novamente. Ao contrário, geralmente acontece o oposto, simplesmente porque os homens são irracionais quando se trata de amor. Uma ligação de quatro minutos, por exemplo, pode funcionar para ele como uma sedução.

Ao aplicar as dicas, você faz com que os homens desejem passar mais tempo com você ao telefone e também pessoalmente. Diga a si mesma que está fazendo-lhes um favor quando se sentir desalmada por aplicar as dicas.

Uma outra maneira de levar um homem à loucura é desligar seu telefone, geralmente na hora em que ele costuma ligar, principalmente quando senti-lo distante e displicente com você.

Aqui está uma outra dica de telefone: se você está em casa em uma sexta-feira à noite, porque não tem programa, peça alguém para atender o telefone e dizer que você não está em casa. Não o deixe saber que você está jogada fora, ainda que esteja. Não pense que fazer jogo é ruim. Os homens adoram saber que estão conquistando a aparente mulher inacessível!

Relembre: em qualquer outro momento que ele ligar e você atender ao telefone, não pense que tem que lhe contar exatamente o que você está fazendo. Depois de alguns minutos, diga apenas que está ocupada (simpaticamente) e não pode falar mais.

Lembre-se de que você deverá parecer – e porque não ser – uma pessoa muito satisfeita, estável, dinâmica e feliz com a carreira, com os amigos e prazeres, e que é perfeitamente capaz de viver com ou sem ele. Você não é um vaso de flores vazio à espera que ele a complete, sustente-a ou dê um sentido para a sua vida.

Você está viva e entusiasmada, dedicada ao trabalho e vivendo intensamente por conta própria. Os homens adoram mulheres com personalidade própria e não barcos à deriva em busca de resgate.

O maior erro que uma mulher pode cometer quando encontra o homem com quem deseja se casar é torná-lo o centro de sua vida. Tudo o que pensa e fala é sobre ele em todos os lugares. Está sempre procurando presentinhos para dar a ele ou recortando artigos de jornal que ele vai achar interessante. Não, apenas, este procedimento não é saudável, como é o caminho mais seguro para perdê-lo.

A pior coisa que você pode fazer durante um relacionamento é esperar que ele seja protagonista de todas as suas distrações. Não ligue para ele apenas porque está aborrecida ou deseja atenção.

Lembre-se:

★ Seja feliz e ocupada. Ele deve sempre pegar você indo ou vindo.

★ Não ligue várias vezes por dia. As mulheres acham normal passar horas ao telefone, mas o homem nunca entenderá tanta disposição feminina. Então se, de hora em hora, você liga para dizer que está com saudade, o cérebro dele vai processar a informação da seguinte forma: "Ela quer me controlar" ou "estou saturado".

★ Não ligue para dizer coisas como: "só liguei pra ouvir sua voz..." Mais do que afeto, isto demonstra fragilidade.

★ Essa dica também vale para mensagem de texto. Nada de ficar mandando mensagens no celular para dizer "bom dia", "boa tarde", "tenha um ótimo dia", para não falar naquelas famigeradas mensagens com anjinhos, corações, etc. Nós sabemos que isto é para ele lembrar de você, mas o efeito pode ser o oposto. Ele vai, sim, obrigatoriamente, lembrar de você, mas forçar a barra para que ele lembre de sua existência é totalmente contrário ao que lhe ensinam as dicas.

★ Uma ligação ou outra mensagem de texto sem uma causa justa só serve como sinal que você não faz outra coisa que pensar nele.

DICA 6

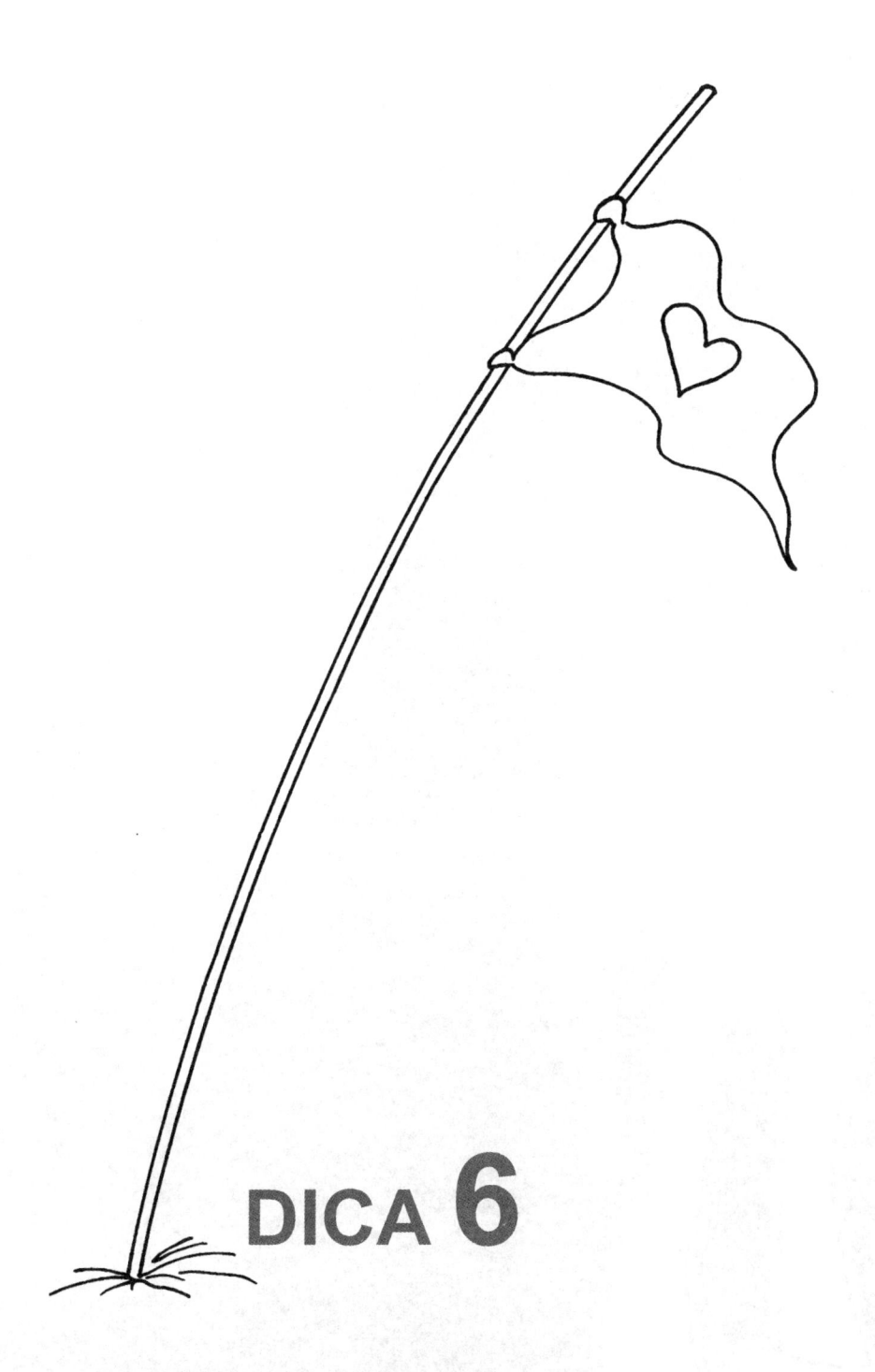

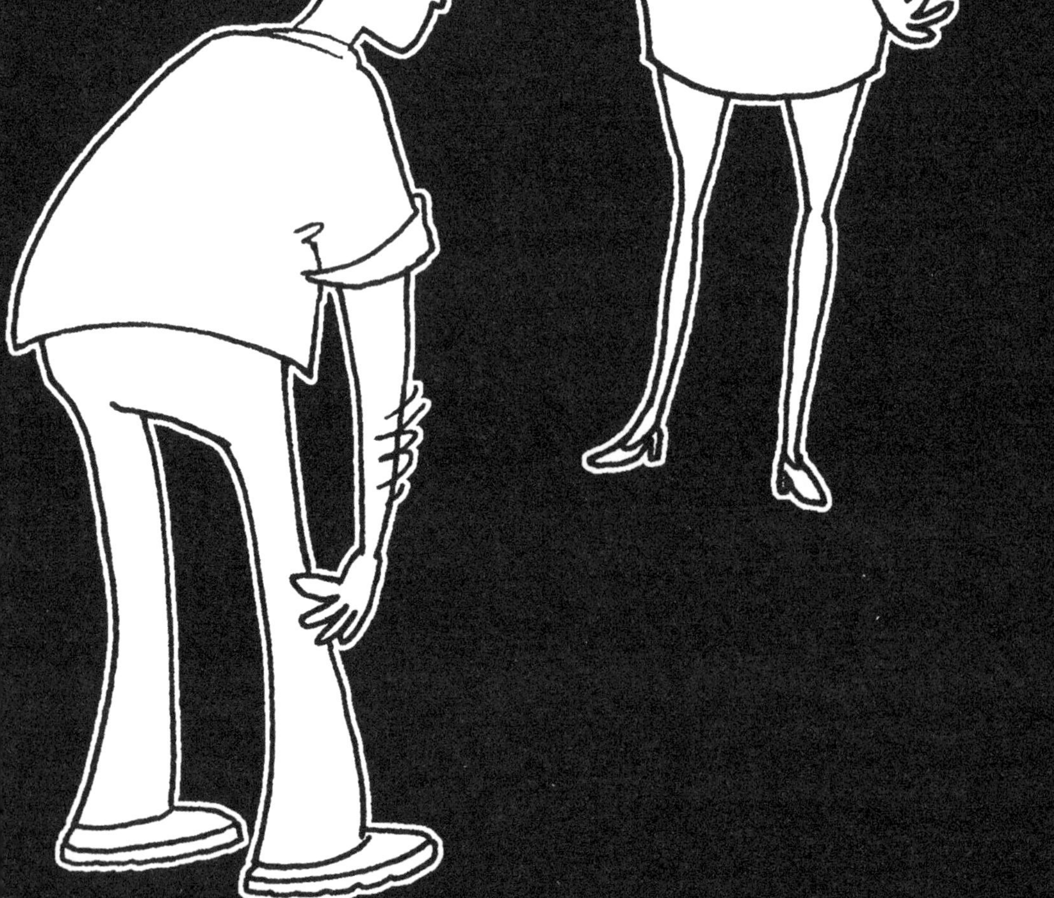

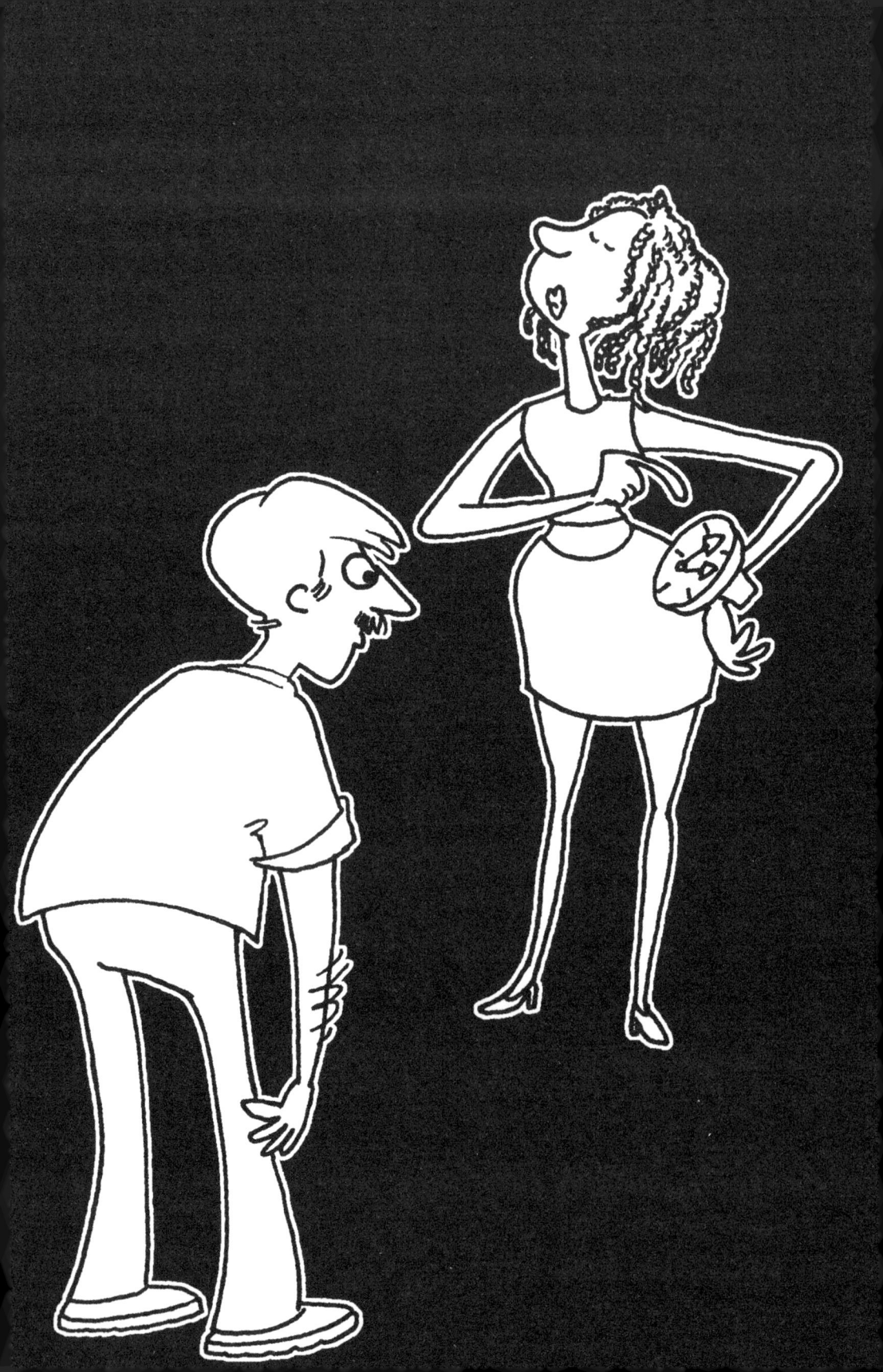

DICA 6
NÃO SEJA A PROTAGONISTA DA ÚLTIMA HORA!

Telefonar, ou não, no começo da semana pode ser um sinal revelador do quanto um homem está envolvido por você. A melhor maneira de encorajá-lo a telefonar mais cedo é dispensá-lo quando ele sempre ligar em cima da hora para um convite no sábado. Certamente ele vai entender a mensagem.

Como uma mulher diferente, especial, você simplesmente não pode deixar de organizar a sua vida até quinta ou sexta-feira! Você tem que saber com antecedência se terá um encontro no sábado ou se vai ao cinema com as amigas.

Os homens nem sempre sabem que devem ligar para você com antecedência para marcar um encontro. Outras mulheres já os estragaram ao aceitar convites tão naturais de última hora, temendo que seja o melhor convite que obterão naquela semana. As dicas a transformarão em uma emergência na vida dele, e se você estiver sempre na cabeça dele, ele não vai esperar até quinta-feira para convidá-la para sair.

Se ele liga em cima da hora e despreocupadamente pergunta "o que você vai fazer agora?", responda com a voz mais simpática possível: "Ah, sinto muito, mas já tenho um compromisso". Não fraqueje e não saia com ele, mesmo sabendo que preferia isto mil vezes a se encontrar com suas amigas ou mesmo ficar em casa lendo. E não faça uma contraproposta do tipo: "Mas estou livre na segunda"! Os homens devem lhe fazer convites, sem a sua ajuda. Mas não o repreenda, nem cobre por ter ligado tão tarde. Seja muito simpática, mas muito firme quando disser não. Tampouco diga qual é o seu compromisso, porque isto não importa. O que importa é a mensagem que você está mandando, que é: "se você quer sair sábado à noite comigo, deve me ligar com antecedência".

Você pode estar pensando: tudo isto é tão rígido, muitos homens não se programam, o que há de mal na espontaneidade? Esses argumentos parecem convincentes, mas a realidade não é tão agradável.

Lembre-se:

★ As dicas falam sobre a longa caminhada. A maneira pela qual um homem se comporta – ou melhor, a maneira pela qual você "permite" que ele se comporte com você.

★ Durante o começo do namoro é geralmente a maneira pela qual ele irá se comportar ao longo de seu casamento. Por exemplo, se ele não planeja os encontros com você, ele continuará desatento e com atitudes de última hora também em outras circunstâncias. É por isto que encontros de última hora são inaceitáveis. Os homens que ligam dez minutos antes de sair para vê-la podem ser maravilhosos, mas que mulher ocupada e difícil você é se eles podem vê-la em dez minutos? Se você aceitar isto, esses homens vão tratá-la como alguém que eles podem conquistar em dez minutos.

★ Não fique ofendida quando um homem telefonar no último minuto. Ele não sabe que não está tratando-a como uma mulher diferente das outras. Dê um tempo a ele, e não esqueça da educação fora do comum e de ser sempre simpática.

★ Sempre ouvimos falar de mulheres "espontâneas" que saem com os homens a qualquer hora, em qualquer dia. Desejo-lhes boa sorte, mas não vai durar. Quando um homem sabe que ele pode ter você em alguns minutos depois que a última namorada tenha lhe dado um chute, ou por estar solitário e aborrecido, ou o fato de que a mulher que ele realmente deseja estar ocupada, ele vai lhe telefonar por alguns desses motivos e não por estar realmente interessado em você!

★ Quando você aplica as dicas, o que realmente está fazendo é dar aos homens o código secreto e silencioso que eles compreendem muito bem.

★ Concordo que os dias entre um e outro encontro com o homem por quem você está louca podem ser torturantes; mas lembre-se, é pior dizer sim, indiscriminadamente, a toda hora que ele quiser lhe ver e correr o risco de cansá-lo. Se você seguir as dicas corretamente, ele chegará à conclusão de que o único caminho para vê-la sempre que quiser, no último minuto, é se casando com você!

DICA 7

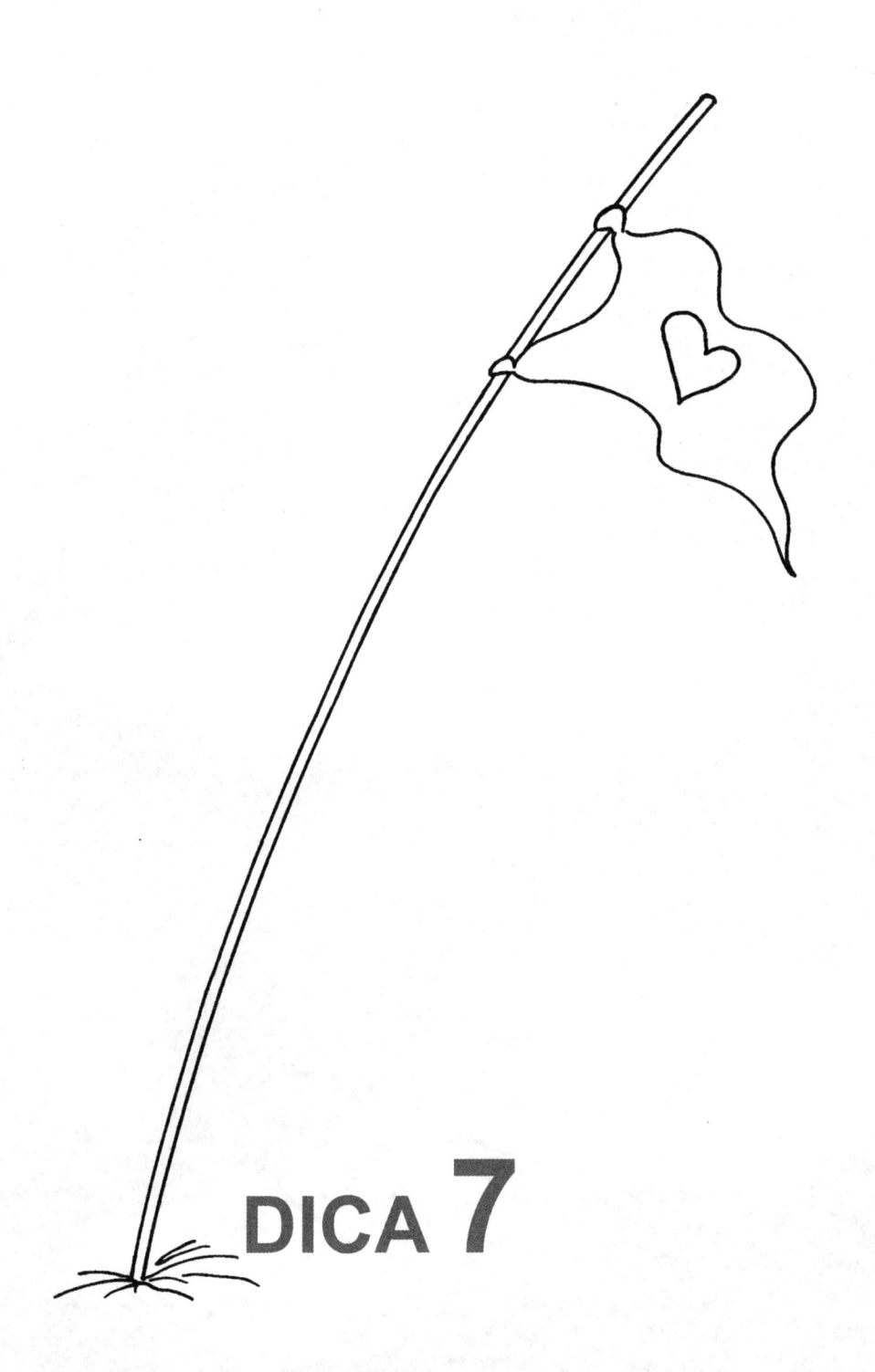

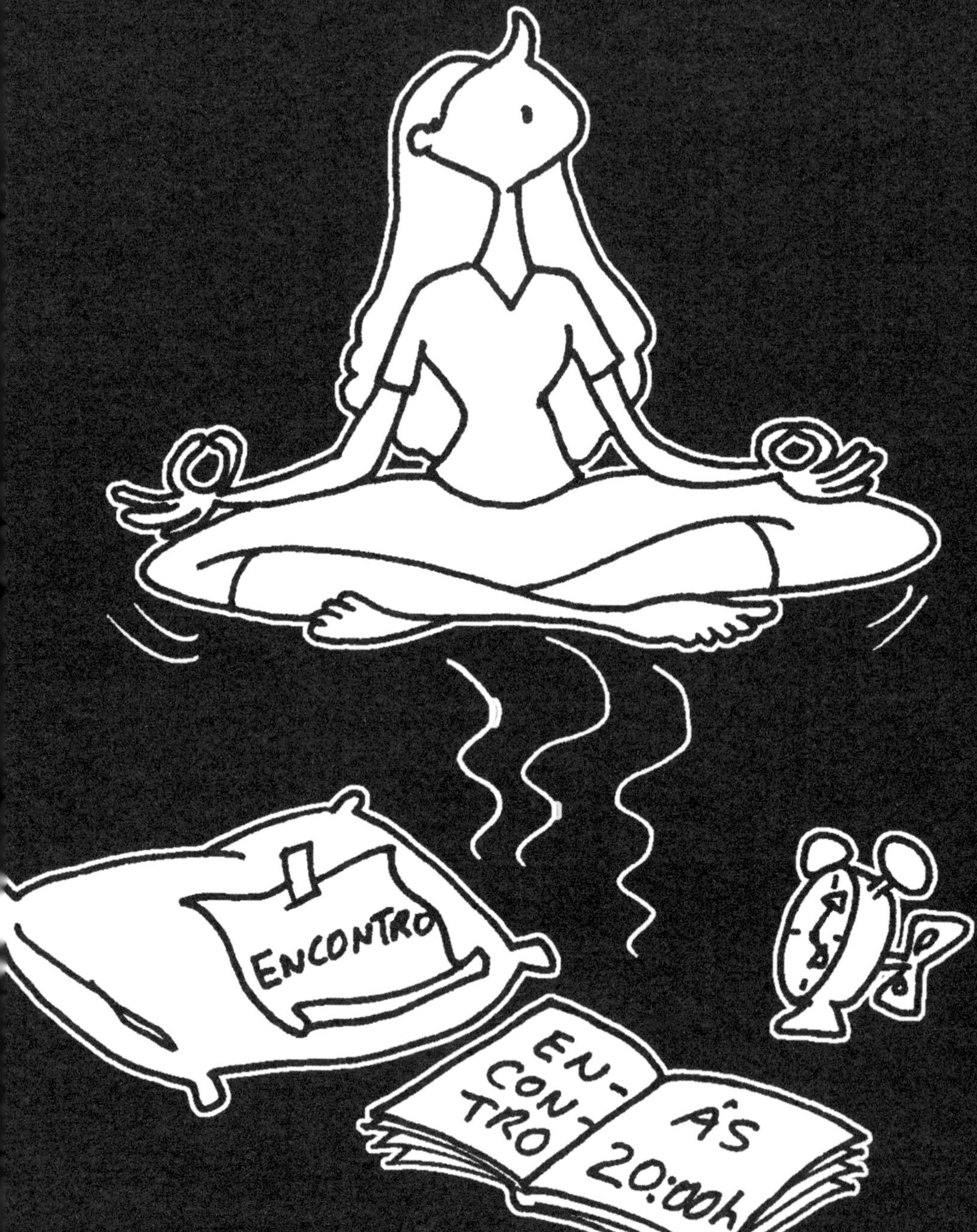
ENCONTRO
EN-
CON-
TRO
ÀS
20:00h

DICA 7
OS SEGREDOS DE UM ENCONTRO

Os homens adoram um desafio – é por isso que eles lutam em guerras, administram empresas, escalam montanhas. A pior coisa que você pode fazer é facilitar o caminho deles. Quando um homem estiver tentando marcar um encontro com você, não diga "claro, de qualquer maneira estarei aí por perto"; não sugira nomes de restaurantes que fiquem no meio do caminho entre vocês. Deixe tudo a cargo dele, deixe-o telefonar para alguns amigos pedindo sugestões de um lugar adequado para levá-la. Os homens realmente se sentem bem quando têm trabalho para vê-la. Não lhes tire este prazer.

A dica é que os homens devem reorganizar suas agendas em função de você, devem persegui-la, pegar táxi, ônibus para vê-la.

Amigas e colegas se encontram no meio do caminho. Homens (homens de verdade) buscam as mulheres em suas casas ou em seus trabalhos para um encontro. Sempre escolha o lugar mais conveniente para você. Invariavelmente, os homens que insistem em um encontro no meio do caminho ou, pior, onde eles estão, revelam-se um horror – desatenciosos, intransigentes e até mesmo avarentos.

Não divida as despesas, nem pague nada pelo menos nos três primeiros encontros. Mais tarde, você pode retribuir à sua maneira: faça um jantar para ele na sua casa ou compre-lhe um presentinho.

Dividir as despesas fica bem no ambiente de trabalho, mas não no campo romântico. O dinheiro que ele gasta com o cinema, com a comida é o preço de estar com você e isso compensa cada centavo. Você deve se sentir honrada e feliz, nunca culpada.

Se ele estiver com o orçamento apertado ou for um estudante gastando o dinheiro dos estudos, ainda assim não divida a conta. Em vez disso, sugira lugares baratos para comer, e peça um hambúrguer. Sugira passeios ao ar livre. Nunca critique o lugar, a comida, ou o serviço, mesmo que sejam totalmente terríveis. Seja positiva. Veja o lado bom de todas as coisas. Quando algo der errado em um encontro, como trancar o carro com as chaves dentro, esquecer as entradas do teatro e coisas do gênero, não use esses transtornos para fazê-lo sentir mal. Em vez disso, veja todo o esforço e energia que ele está dedicando a esse programa. Ele vai pensar: "Que garota incrível". Ser uma boa companheira pode fazer muita diferença entre ser apenas mais uma namorada e a sua futura esposa.

Lembre-se:

★ Nunca demonstre que o casamento é a principal meta que tem em mente.

★ Jamais deixe que ele descubra tudo a seu respeito antes de qualquer outra coisa. Suas respostas devem ser curtas, claras e sedutoras. Seus gestos deverão ser suaves e femininos.

★ Todos os seus movimentos serão fluentes e *sexy*. Nunca impacientes ou pretensiosos.

★ Antes do encontro, tome um banho relaxante, leia este livro e eleve a alma com *slogans* positivos como: sou uma mulher especial, sou bela por dentro e por fora.

★ Nesse encontro, ele pode gostar de você ou não. Não será culpa sua se ele não lhe telefonar de novo. Alguém mais irá amá-la se não for ele.

DICA 8

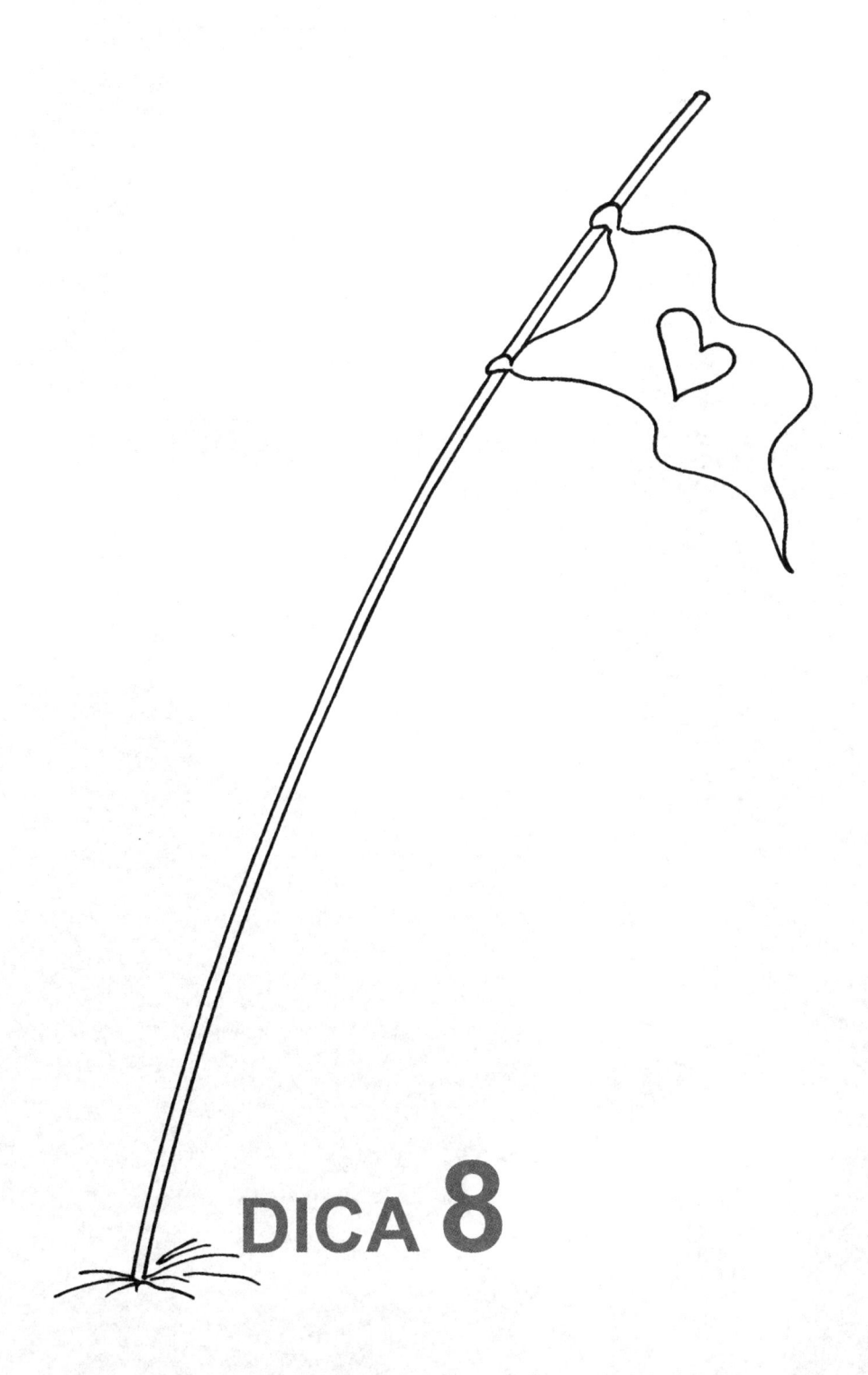

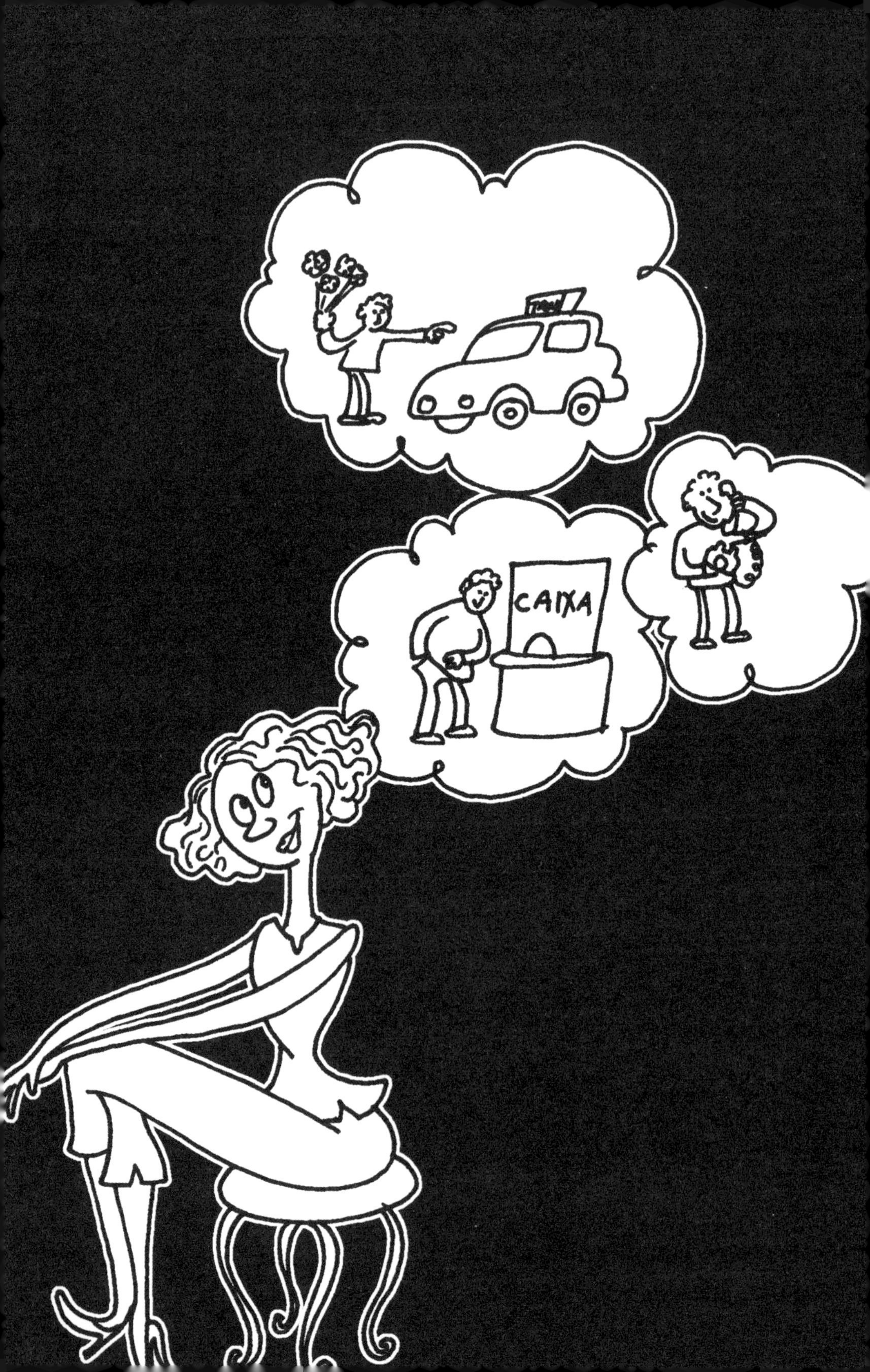
CAIXA

DICA 8
OS PRIMEIROS ENCONTROS...

A maioria das mulheres vai a um encontro com muitas expectativas. Elas querem que o homem as considerem maravilhosas, que as convidem para sair novamente e que seja o pai dos seus filhos. Desnecessário dizer, essas mulheres geralmente ficam desapontadas. É por isso que descobri ser muito útil – na verdade, essencial – se ocupar o máximo possível antes de encontrá-lo.

Aqui estão algumas sugestões do que se deve fazer e não fazer no dia do encontro:

1. Para aliviar a ansiedade, vá à ginástica, à manicure ou tome um longo banho quente.

2. Compre uma roupa nova, faça uma maquiagem. Cuide-se.

3. Durma um pouco à tarde para não ficar bocejando às dez da noite.

4. Vá ao cinema assistir a uma comédia, leia os jornais ou um livro para ocupar a cabeça em outra coisa que não seja ele. Se for possível, não pense nele até que

ele chegue – isto é necessário nos três primeiros encontros.

Fique ocupada até o minuto em que ele chegar. Não o convide para entrar em sua casa nos primeiros encontros.

Nestes três primeiros encontros, não lhe conte sobre o seu dia como se vocês se conhecessem há anos, na esperança de que isso vá aproximá-los. Não faça o gênero séria demais, controladora ou dona de casa. E, por favor, não mencione a palavra casamento, nem mesmo que o seu irmão se casou recentemente.

Seja meiga e leve. Ria das brincadeiras dele, mas não se esforce demais. Não se sinta obrigada a preencher os silêncios da conversa. De modo geral, deixe-o fazer todo o trabalho – buscar você, escolher o restaurante, abrir a porta. Aja de maneira natural o tempo todo, como se você tivesse sempre encontros e isso não fosse nada de extraordinário ainda que há anos você não tenha tido nenhum.

Termine o encontro primeiro, especialmente se você se interessou por ele. Dê uma olhada no relógio depois de duas horas (no caso de uma saída para um drinque) ou depois de três ou quatro horas (se for um jantar), simplesmente suspire e diga: "olha, está muito bom, mas tenho um dia repleto de compromissos amanhã". Não diga o que vai fazer. No final do primeiro encontro, você pode aceitar um beijo leve no rosto ou nos lábios, mesmo sabendo que está doida por muito mais do que isto.

Não o convide para ir até a sua casa no final do primeiro encontro. Afinal de contas, ele ainda é um estranho até aquele momento. Ele deve apenas ver a portaria do seu prédio. Isso é tanto por segurança quanto pela aplicação das dicas. Nem concorde em ir até a casa dele naquela noite. Não se arrisque, proteja-se!

Se ele a levar para jantar, saiba que instintivamente ele analisará e interpretará cada momento. Um jantar favorece a observação e a análise, pois há uma série de aspectos a serem observados: dinheiro, facilidade de relacionamento, capacidade de tomar decisões, boas maneiras, boa educação, asseio, hábitos de toalete, atitude com relação a tempo.

Lembre-se:

Eles não dão uma segunda chance àquela mulher que:

★ Começa a reclamar desde o momento em que se senta até o momento em que vai embora (muito barulho, muito calor, muito frio, muito apimentado, muito...)

★ Recebe ou faz ligações em seu celular;

★ Pede as coisas mais caras do menu;

★ Não para de examinar o ambiente e seus frequentadores;

★ Comparar esse restaurante (desfavoravelmente) com o seu restaurante favorito.

★ Passa mais tempo no toalete do que à mesa.

★ Falar sem parar sobre absolutamente nada, ou quase não fala;

★ Discute com os funcionários do restaurante (garçom, maitre, gerente);

★ Questiona cada ingrediente da comida; tenta modificar o menu;

★ Reclamar do valor das coisas, etc...

DICA 9

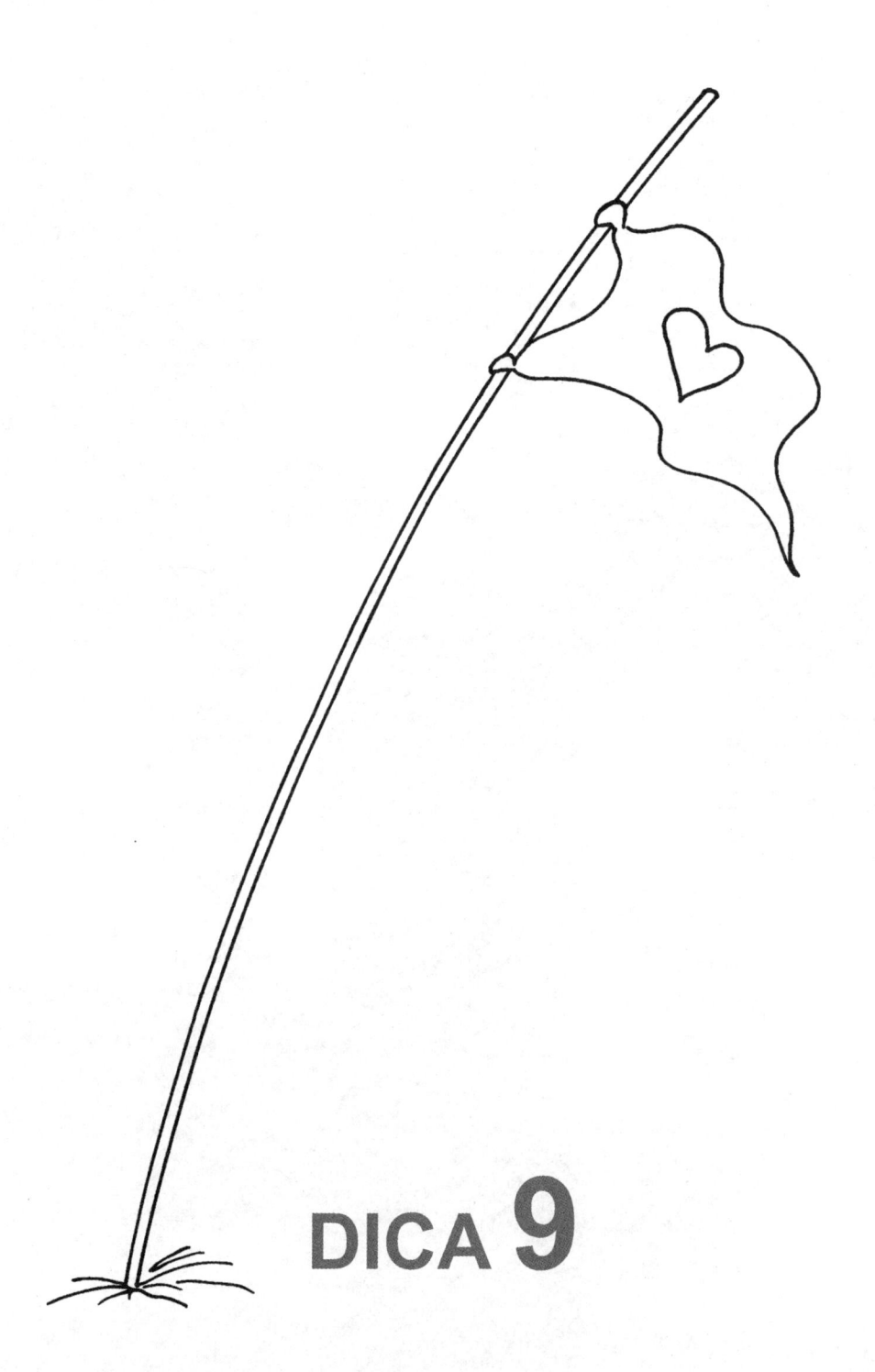

ENCONTROS

DICA 9
EM DIREÇÃO À HORA DO COMPROMISSO...

Nos encontros seguintes, você pode mostrar um pouco mais de si mesma. Pode falar de sentimentos, contanto que não se torne enfadonha, bancando a terapeuta ou a mãe. Demonstre carinho, charme e sensibilidade. Olhe nos olhos dele, seja atenciosa e uma boa ouvinte, de modo que ele descubra sua natureza carinhosa. Uma pessoa que seria uma esposa companheira. Mesmo assim, ainda não mencione as palavras *casamento*, *crianças* ou *futuro*. Esses são assuntos que ele deve trazer à tona. Ele deve ter o comando. Fale de alguma coisa que esteja fora de seu relacionamento com ele, como o seu esporte favorito, um show de TV, um grande filme, um livro que você acabou de ler, um artigo interessante de jornal ou uma boa exposição que você tenha visto.

É das primeiras impressões, dos primeiros meses de namoro, que os homens se lembram para sempre. As dicas estabelecem uma abertura lenta para que os homens não se sintam esmagados por nossa história de vida. Não lhe conte nada de que você vá se arrepender. As mulheres, às vezes, revelam mais do que realmente gostariam na esperança de que tais revelações os tornem mais íntimos, mas, no final, elas se sentem indefesas, traídas e enganadas. É melhor sorrir quando ele fizer uma pergunta muito pessoal e dizer: "Ah, eu não queria falar sobre isso agora".

Uma mulher sábia tem o discernimento, a força e a autoconfiança de deixar que o começo de um relacionamento se desenvolva devagar como deve ser. Muita disponibilidade, no início do relacionamento, sufoca a maioria dos homens.

Em um namoro, quando uma mulher se esforça demais, alguns homens ficam assustados, confusos, mimados... e desaparecem! Uma mulher apaixonada deve ficar muito atenta se sua ansiedade não está desequilibrando totalmente o relacionamento. Como se sente insegura, ela tenta mostrar como é legal, inteligente, desejável e insubstituível para esse homem: são cartões, bilhetes, presentinhos, telefonemas. Ela não quer que ele a esqueça. Esse tipo de comportamento pode fazer a mulher mais desejável do mundo parecer carente e desesperada. E isso pode fazer o homem mais legal do mundo questionar o papel que ela teria na vida dele.

Lembre-se:

★ Aja de maneira independente para que ele não ache que você espera que ele cuide de você. Isto é uma conduta válida tanto para o primeiro encontro como para o quinquagésimo.

- ★ Tenha controle e mantenha o equilíbrio em sua vida.

- ★ Não crie expectativas e fantasias sobre o futuro.

- ★ Não mergulhe de cabeça no início de um relacionamento.

- ★ Se não der certo, não é porque há algo de errado com você e sempre há algo a aprender com essa experiência.

DICA 10

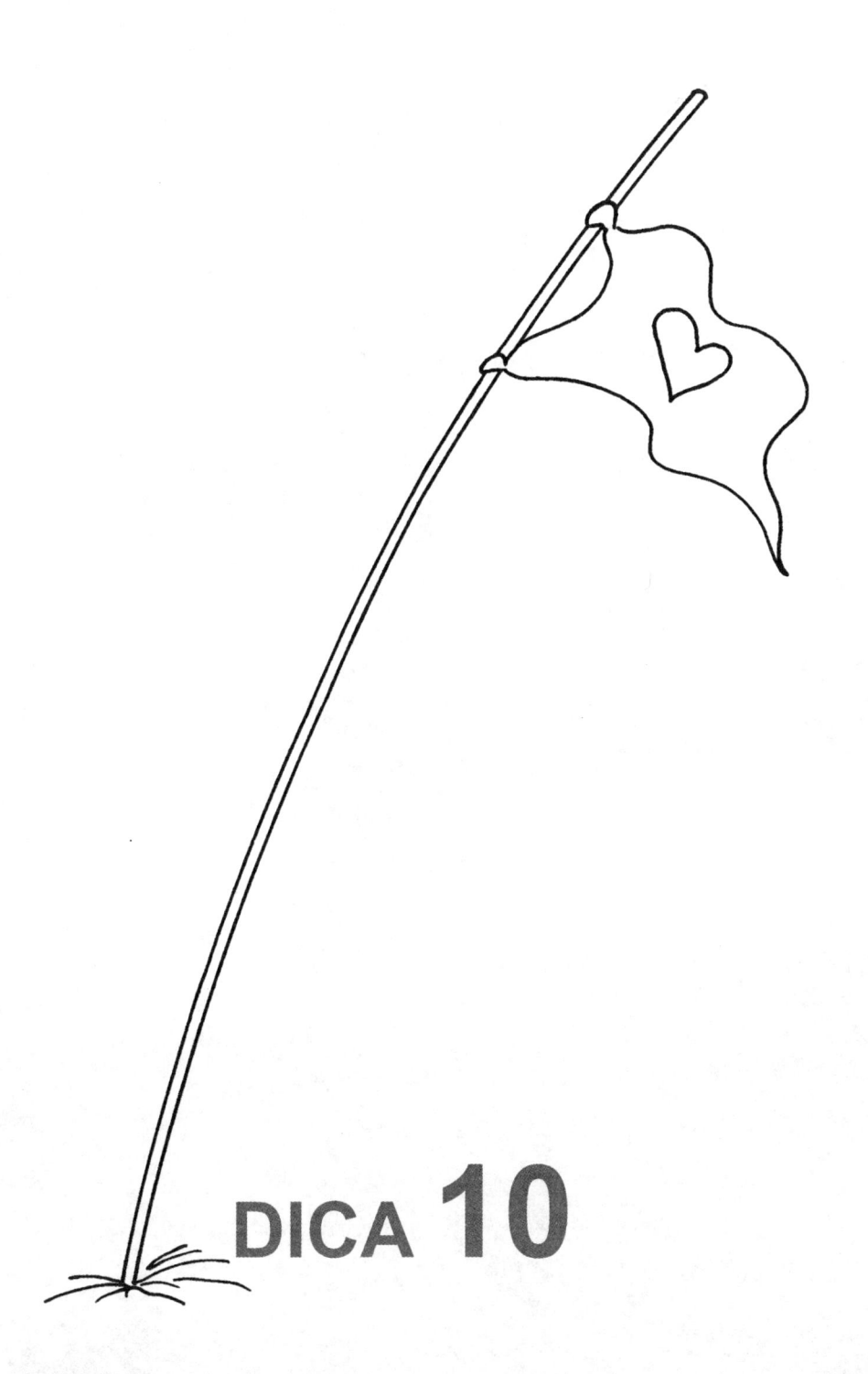

Amo
Amo
Amo
Amo
Amo
Amo
Amo
Amo
Amo
Amo

DICA 10
OS PRIMEIROS MESES DE NAMORO...

A maioria dos homens se apaixona mais rápido do que as mulheres. Eles também se desapaixonam mais rápido. Podem querer ver você duas ou três vezes por semana, até mesmo todo dia, no começo.

Se você cede e o vê toda hora, ele termina ficando esgotado e irritado e, em seguida, para de telefonar. Parece aborrecido demais e diz coisas do tipo: "Eu não sei o que está errado, apenas tenho muito o que fazer, ultimamente".

Para evitar que um homem consiga muita coisa, cedo demais, não o veja mais do que duas vezes por semana durante os dois primeiros meses de namoro. Deixe-o pensar que você tem "outros programas", que ele não é o único interesse da sua vida.

É muito natural que, ao encontrar um homem do qual você gosta e que também gosta de você, queira vê-lo o tempo todo. Você quer saber tudo sobre ele. É difícil para você dizer não quando ele a convida para sair no sábado à noite, para o café da manhã de domingo e um jantar com cinema na segunda. Tudo em uma única tacada. Mas, garotas, vocês devem colocar os pés no chão. Não deixem que eles as vejam com tanta facilidade. Os homens gostam de esportes e jogos – futebol, tênis, pôquer – porque adoram um desafio. Seja, então, um desafio!

Lembre-se, esta regra não é eterna. O ideal é vê-lo uma ou duas vezes por semana no primeiro mês, vê-lo duas ou três vezes por semana no segundo mês e três ou quatro vezes no terceiro mês. Mas nunca mais do que quatro ou cinco vezes por semana, a menos que você já esteja noiva. Os homens devem ser condicionados a sentir que, para vê-la sete dias na semana, devem se casar com você. E até que essa bendita proposta aconteça, você deve se acostumar a dizer não aos encontros extras, mesmo que o coração implore o contrário.

Um homem que está apaixonado e deseja se casar com você não vai desistir só porque você determinou que no começo do namoro haverá poucos encontros por semana. Você descobrirá que os homens que estão com você por diversão ou sexo, facilmente ficarão aborrecidos ou impacientes com isto. Não perca a cabeça se esses homens disserem coisas para fazê-la acreditar que eles querem levá-la a sério, ou querem se casar com você. Isso acontece o tempo todo. Chama-se comportamento padrão masculino. Tudo isso pode ser verdade, mas também um truque para levá-la para cama nos primeiros encontros.

Se você cai na conversa dele e age ao contrário das dicas, ele pode nunca mais telefonar ou, ainda pior, continuará a sair com você, mas você acabará vendo o seu interesse desaparecer (uma coisa muito dolorosa!).

As dicas farão com que você fique mais difícil de ser conquistada, de maneira que o homem que não gostar de você não vai perder o tempo dele nem o seu. Então, faça um favor a si mesma, siga as dicas!

Preste atenção nos presentes que ele lhe dá. (Lembre-se, dar presentes não tem nada a ver com dinheiro. Quando os homens estão apaixonados, eles dão objetos de amor mesmo que estejam com o orçamento apertado como flores, poesias, joias, chocolates. Presentes como roupas, livros, agendas, torradeira e qualquer outro presente prático são tipos de coisas que os homens dão quando gostam de você, se importam com você (como uma irmã), mas não querem realmente se casar com você.

Preste atenção se ele escreve a palavra amor nos cartões que lhe manda. Se ele não escreve "amor", não presuma que ele o sente. Portanto, não suponha nada. Apenas leia o que está escrito!

Se você está na cabeça dele, ele irá lhe dar todo tipo de coisa fora das datas como aniversário, dia dos namorados. Então você pode ganhar algo que ele viu na rua, ou algo que ele sabia ser necessário para você.

Quando você receber presentes, não tenha uma reação exagerada, diga apenas "obrigada"!

Em geral, as dicas sinalizam que quando um homem ama, ele simplesmente deseja lhe presentear. Qualquer coisa. Se o seu copo está vazio em um restaurante, ele solicita prontamente ao garçom uma bebida; se ele a leva ao aeroporto para viajar, ele faz questão de carregar suas malas, está sempre solícito e atencioso. O oposto demonstra exatamente que ele não está apaixonado e talvez até esteja com você pensando em outra.

> **Lembre-se:**

ATITUDES QUE UNEM O CASAL:

★ Acompanhá-lo nos programas que ele a convidar, mesmo aqueles que não têm muito a ver com você; não precisa ser sempre, mas faz muito bem mostrar que é flexível. Sua atitude vai aproximá-los.

★ Manter os interesses pessoais. Os homens detestam quando a mulher abre mão das amigas e dos *hobbies* por causa do namoro. Deduzem que ela será dependente dele. Em compensação, quem cultiva sua individualidade demonstra que a relação é forte e resiste a separações ocasionais.

★ Falar o que pensa. Se você concorda com tudo e acha que qualquer sugestão dele é perfeita, seu parceiro não se sentirá em um relacionamento, mas em um monólogo. O homem busca uma mulher que tenha opinião própria. Seja firme em relação às suas preferências e gostos. Por exemplo, restaurantes preferidos, pratos prediletos, filmes... Responda com clareza em relação ao seu gosto, sem evasivas. Mostre que sabe o que quer.

★ Ser você mesma. O namoro já está acontecendo, logo, é porque ele gostou do que viu. Então, não invente de se transformar em uma mulher superpopular, extrovertida, ultra-sexy ou comportadíssima. E essa garota aí dentro, que realmente atraiu o moço, onde está? Então, procure mostrar-se como é, sempre.

O QUE O AFASTARÁ COM CERTEZA:

★ Ligar várias vezes por dia. Você vai fazê-lo se sentir sufocado e controlado.

★ Exagerar na animação. Quando estiver entre amigos pense duas vezes antes de beber muito e se mostrar mais extrovertida do que é. Ele pode enxergá-la como uma pessoa "vulgar".

★ Analisar cada atitude dele! Não tente bancar a terapeuta interpretando o comportamento dele. Se o seu namorado diz que não gosta de dançar, você imediatamente diz que, na verdade, ele não se sente à vontade com o próprio corpo, que é trauma de infância... Até conseguir convencê-lo a ir a uma danceteria. Isso, além de fazer com que ele não se sinta mais a vontade com você, o fará sentir que você quer moldá-lo ao seu jeito.

★ Bancar a mãe. Você é tão cuidadosa com ele que não o deixa dar um passo sem fazer recomendações do tipo: coloca uma blusa que tá frio! Faça assim... não faça assim... Não há romance que resista!

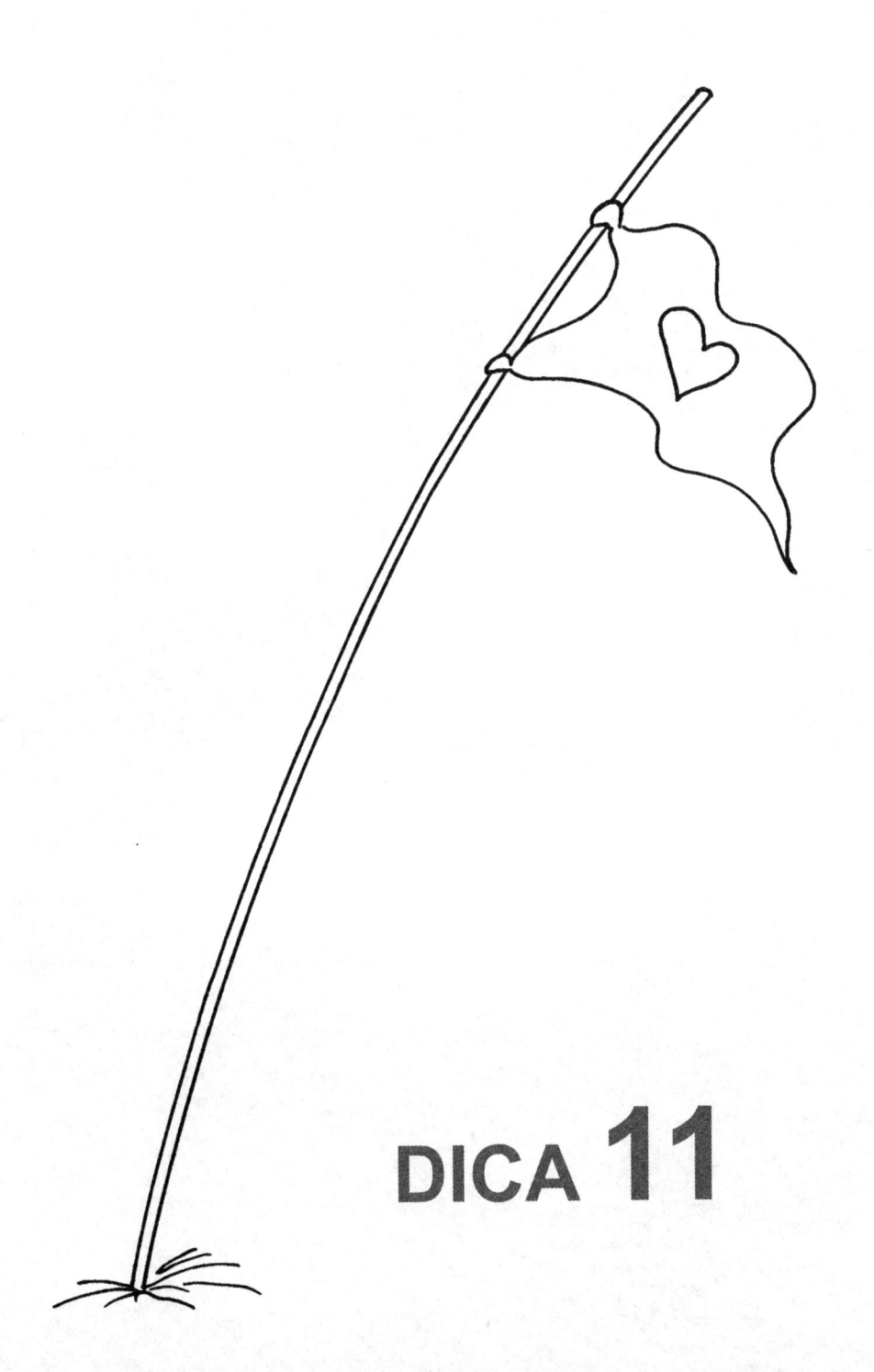

DICA 11

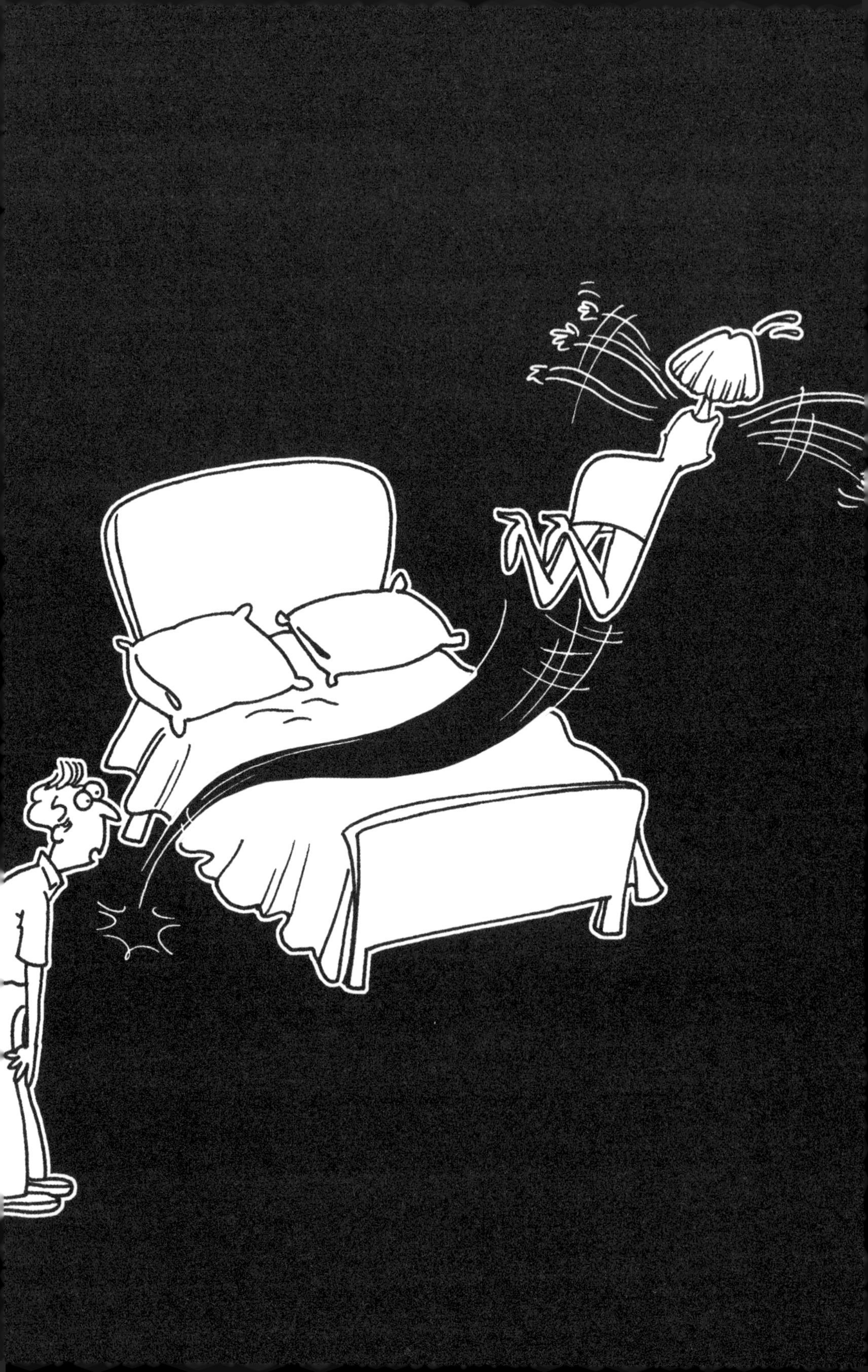

DICA 11
AGUARDE O MOMENTO CERTO...

Qual é o momento certo para o sexo? A regra vai depender de sua idade e de suas opiniões pessoais. Se você tem 17 anos e é virgem, vai querer esperar até que exista um relacionamento mais sério. Se você tem 39, espere um mês ou dois. Mas não se surpreenda se o homem com quem você está namorando ficar muito aborrecido quando você lhe der um beijo de boa noite no *hall*, ao final do segundo encontro, em vez de convidá-lo para subir ao seu apartamento para um drinque. Ele provavelmente foi mal-acostumado por outras mulheres que dormiram com ele no primeiro ou no segundo encontro e agora se sente frustrado em seu objetivo. Mas não se preocupe, raiva indica interesse e você pode se surpreender, porque ele provavelmente vai ligar de novo. Fazê-lo esperar só aumentará o interesse dele por você e provocará uma paixão maior. Se ele não ligar, pode acreditar, foi melhor assim. Ele não teve interesse nem em lutar por você. Imagina se tivesse conseguido ficar com você no segundo encontro, nem lembraria seu nome na manhã seguinte!

Quando você dorme com ele no segundo encontro, ainda não sabe ao certo se ele será um cavalheiro ou um crápula. Não corra tal risco!

Por que arriscar que ele a chame de mulher fácil (e pense que você é realmente isto) quando ele estiver conversando com os colegas no dia seguinte?

É justo que, se você estiver namorando um homem há um mês ou dois e não planeja dormir com ele durante um tempo, você o deixe saber disto. Se ele a ama, vai respeitá-la, qualquer que seja a sua decisão!

Em uma pesquisa realizada por mim em um universo de homens entre 18 e 45 anos no quesito sexo, 99% dos brasileiros confessaram perder completamente o interesse pelas mulheres que vão para a cama com eles no início do relacionamento. Essa atitude denota uma ameaça: "se foi comigo, com quantos terá ido na vida?"

Então, se você quiser realmente conquistar um homem, jamais, em hipótese alguma, vá para a cama nos primeiros encontros. Controle-se! Esse é um ensinamento que nunca cairá de moda, mesmo que sejam da época de nossas avós, não adianta se revoltar, os homens dizem que esse é o segredo para capturá-los.

Adie o sexo tanto quanto possível, pois uma vez envolvida sexualmente com um homem, sua capacidade de enxergá-lo com clareza ficará embotada. Para preservar sua objetividade, procure não pular na cama muito rápido. Vale a pena conhecer seu pretendente longe dos lençóis até ter a doce certeza de que ele vale o investimento.

> **Lembre-se:**

- ★ Se você não valoriza quem você é e aquilo que tem a oferecer, não espere que algum homem valorize.

- ★ A responsabilidade deve andar junto com a liberdade sexual. O sexo muda um relacionamento, e depressa! Tenha a certeza de que a relação é forte o bastante para suportar essas mudanças; enquanto isso, diga "não"!

- ★ Seja consciente! Perceba sempre a diferença entre amor e desejo, amor e necessidade, amor e busca de segurança, amor e autoafirmação, amor e problemas de dinheiro, amor e necessidade de *status*, amor e solidão.

- ★ Seja fiel a seus princípios, fique atenta às suas verdadeiras necessidades, não aja de maneira que comprometa sua essência. Demonstre suas necessidades de maneira sincera e direta. Nunca se esqueça de quem você é, quais são seus valores e o que é realmente importante para você.

- ★ Não vá abraçar a lua imaginando ser queijo. Não permita que sua ansiedade mascare o que você está vendo e lendo no seu candidato. Às vezes os sinais são claros, mas a carência e a necessidade de ter alguém nos levam a tomar decisões precipitadas. Acredite nos seus instintos, e não precipite as coisas.

DICA 12

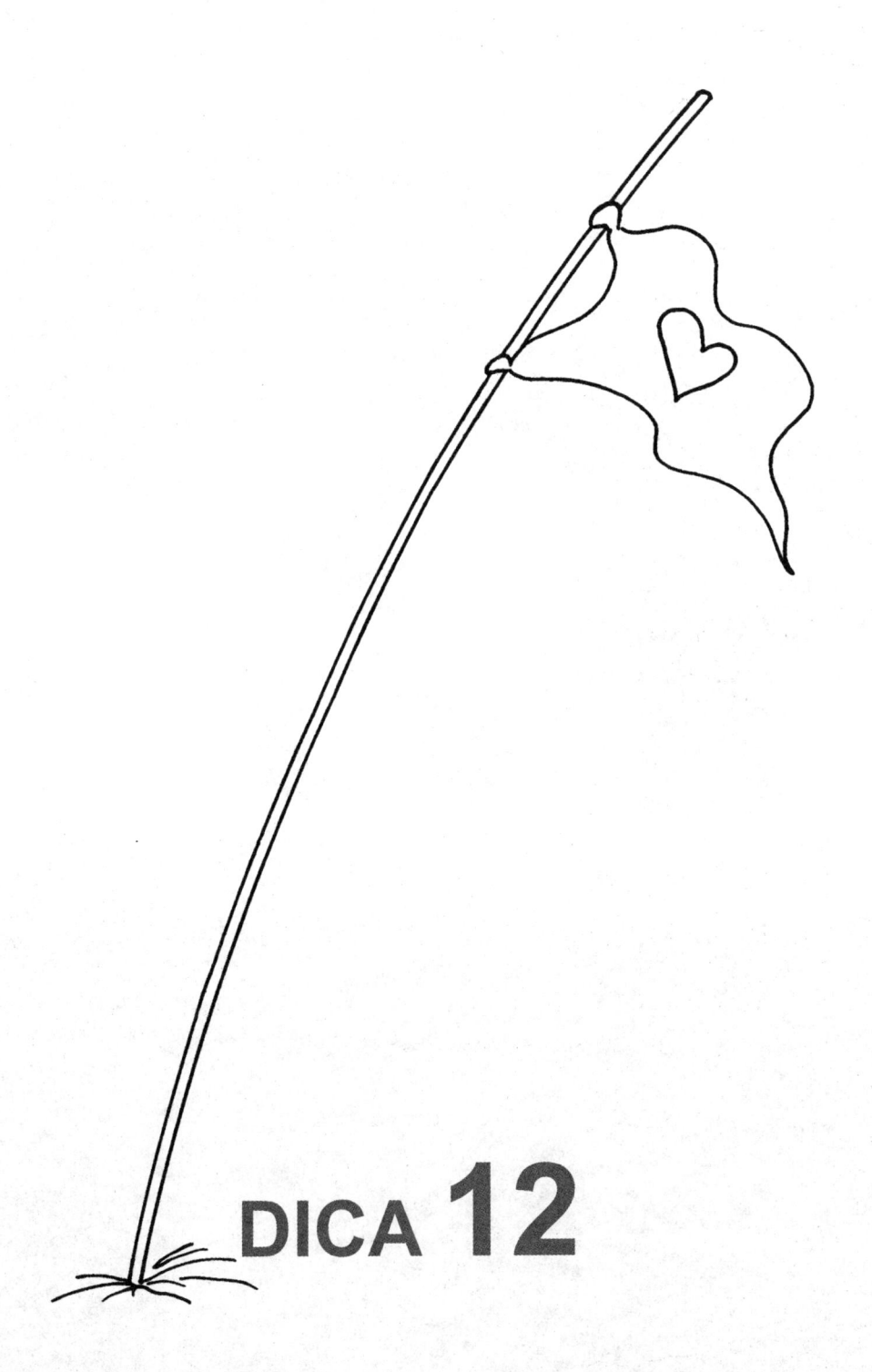

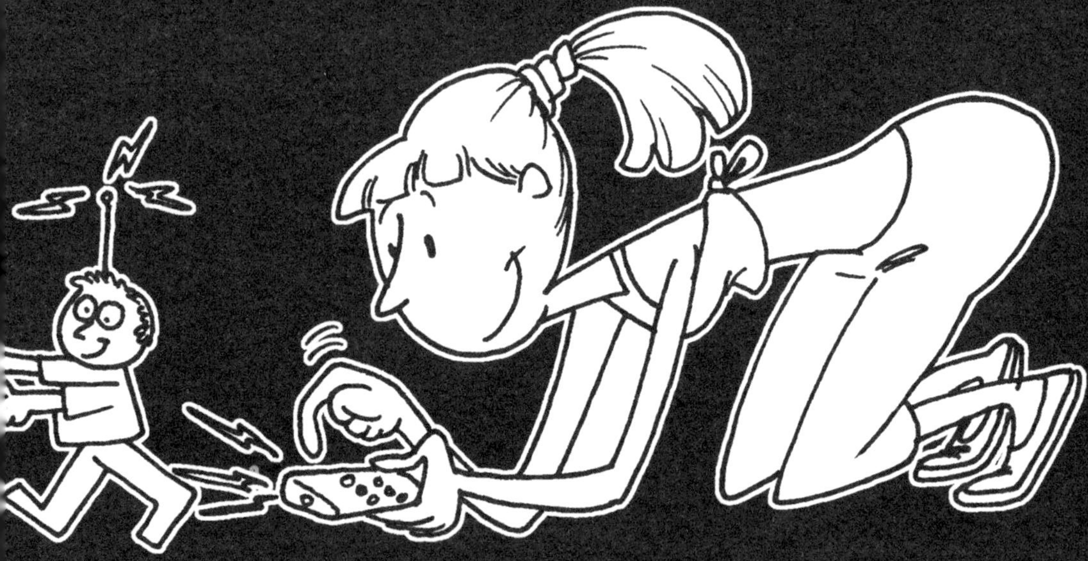

DICA 12
MONITORE, MAS NÃO OPRIMA!

Não tente dirigir a vida do seu namorado. Não demonstre que você é ciumenta ou insegura tentando controlar a vida pessoal dele. Não implique com a academia da moda que ele frequenta, onde há todos os tipos de pernas modeladas. Não implique com suas funcionárias, apenas porque são bonitas e dão em cima dele. Muitas vezes é você que chama a atenção dele para o charme de determinada mulher em quem ele nem tinha reparado. Você se tornará um tormento, enquanto "ela" irá consolá-lo, ouvindo os desabafos de seu ciúme. Se ele a ama, não importam as outras mulheres bonitas onde quer que elas estejam.

Se ele prefere acampar com os amigos nos fins de semana do que ficar com você, deixe-o ir ou termine com ele, mas não lhe diga o que deve fazer. Ele pode até mudar seus programas depois de suas cobranças, mas será por pouco tempo, talvez você nunca mais ouça falar dele novamente.

Os homens fazem o que querem fazer. Se eles não querem viver sem você, deixam muito claro. Se podem viver sem você, também fica tudo claro.

Não seja tola. Leia os sinais e parta para o próximo, se for o caso!

Não tente mudar a vida dele de maneira alguma, não tente mudar seu gosto no vestir, fazê-lo praticar esporte se ele não gosta, não force nenhuma barra. Você não é dona dele. Não o corrija. Você vai terminar castrando-o e ele passará a vê-la como uma víbora dominadora. Ele quer alguém que o faça sentir-se bem, não inadequado. Então, deixe-o em paz. Quando ele perguntar o que deve vestir, você poderá ajudá-lo. Até lá, fique na sua. Para melhorar o gosto ou modo de vestir de alguém, comece oferecendo-lhe presentes, no estilo que você gosta, e se a camisa não está abotoada corretamente, ou com o colarinho desarrumado, com carinho sugira que fica melhor assim, ou assado, e ele irá se corrigindo naturalmente. Para tudo é preciso jeito e paciência. Consegue-se muita coisa com um simples presente, uma camisa de corte bem feito deixará ele tão confortável, que depois ele irá procurar pela marca que você lhe deu, mudando assim o estilo dele se vestir em pouco tempo.

Ame-o em liberdade e não o aprisione. Faça uma reflexão sobre a diferença de posse e amor. *"Quem quer ter um pombo, guarde-o numa gaiola a fim de alimentá-lo. Porém, um dia ele poderá fugir e jamais voltará. Quem ama um pombo, alimenta-o na liberdade de suas mãos, pois todo dia ambos estarão na praça a se ver."*

O discernimento emocional mostra que só se forma elos por afinidades, ou seja, você só tem uma conexão, uma ligação com o outro por uma força, uma energia, que é constituída de compreensão, desprendimento, paciência, confiança, cumplicidade e humildade. Quando esses sentimentos realmente fizerem parte de um relacionamento, o amor se fará mais presente a favor da liberdade individual.

Relacionar-se significa aceitar um outro ser humano que nem sempre tem as mesmas necessidades e atitudes que as suas, nem os mesmos desejos, mas o resultado é muito gratificante.

Lembre-se:

★ Não tente controlá-lo, pois não temos o poder sobre o pensamento, a vontade e as atitudes de ninguém.

★ Não o impeça de fazer algo que ele deseja fazer. Não o faça pensar que você não deseja que ele seja feliz porque não está com você.

★ Permita que seu companheiro seja ele mesmo na sua própria essência. Não tente moldá-lo a seu gosto, deixe-o ser quem realmente é.

★ Não implique com sua forma de rir, de comer, de falar, ou de qualquer outra coisa. Não o obrigue a ser uma pessoa em sua frente, tentando representar como um ator, e outra mais feliz e leve longe de você. Ele certamente cansará disso.

★ Os amigos dele, a família dele, o trabalho dele, o passado dele, o telefone celular dele, a agenda dele, o e-mail dele... são de propriedade exclusiva DELE!

DICA 13

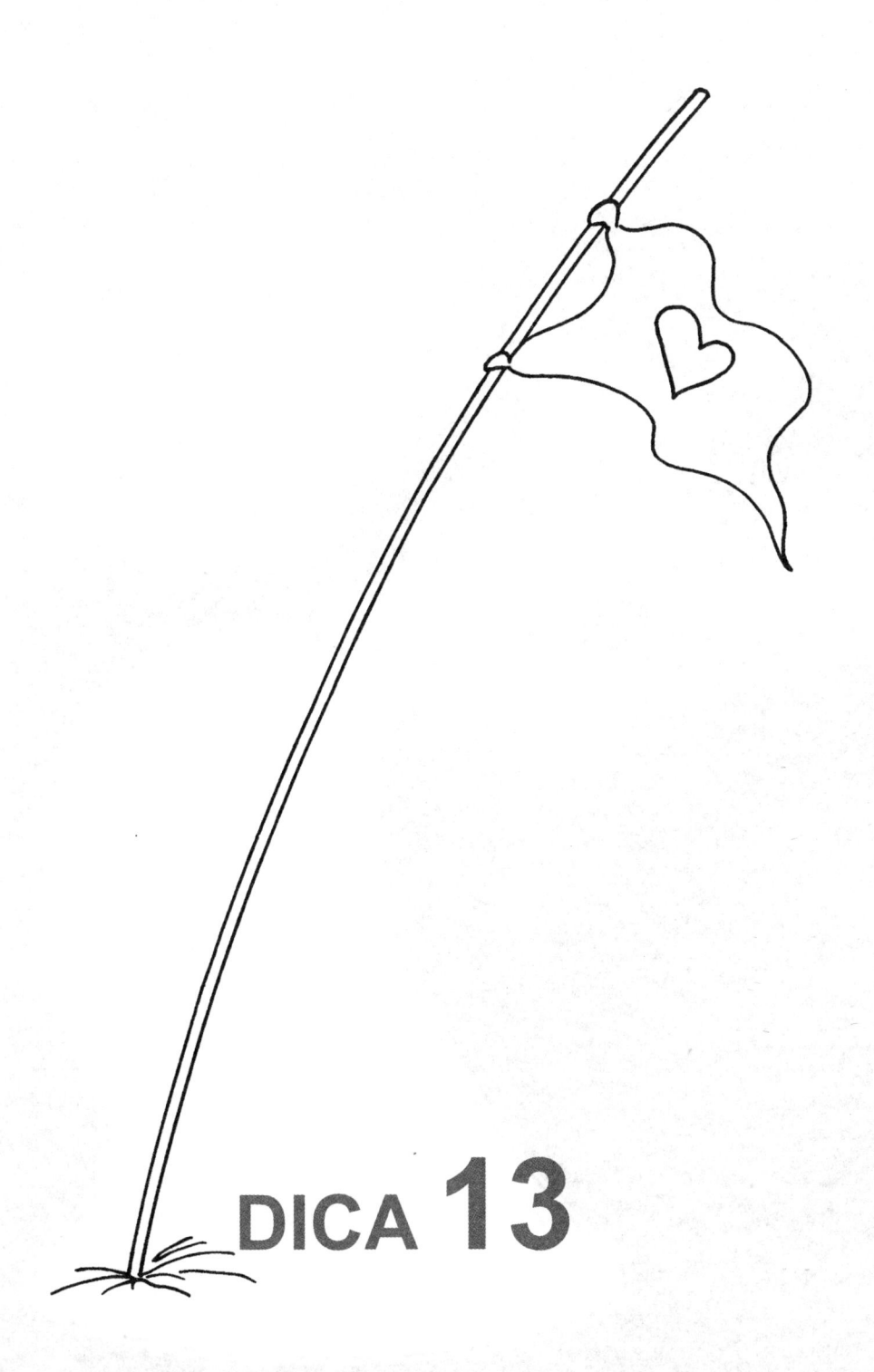

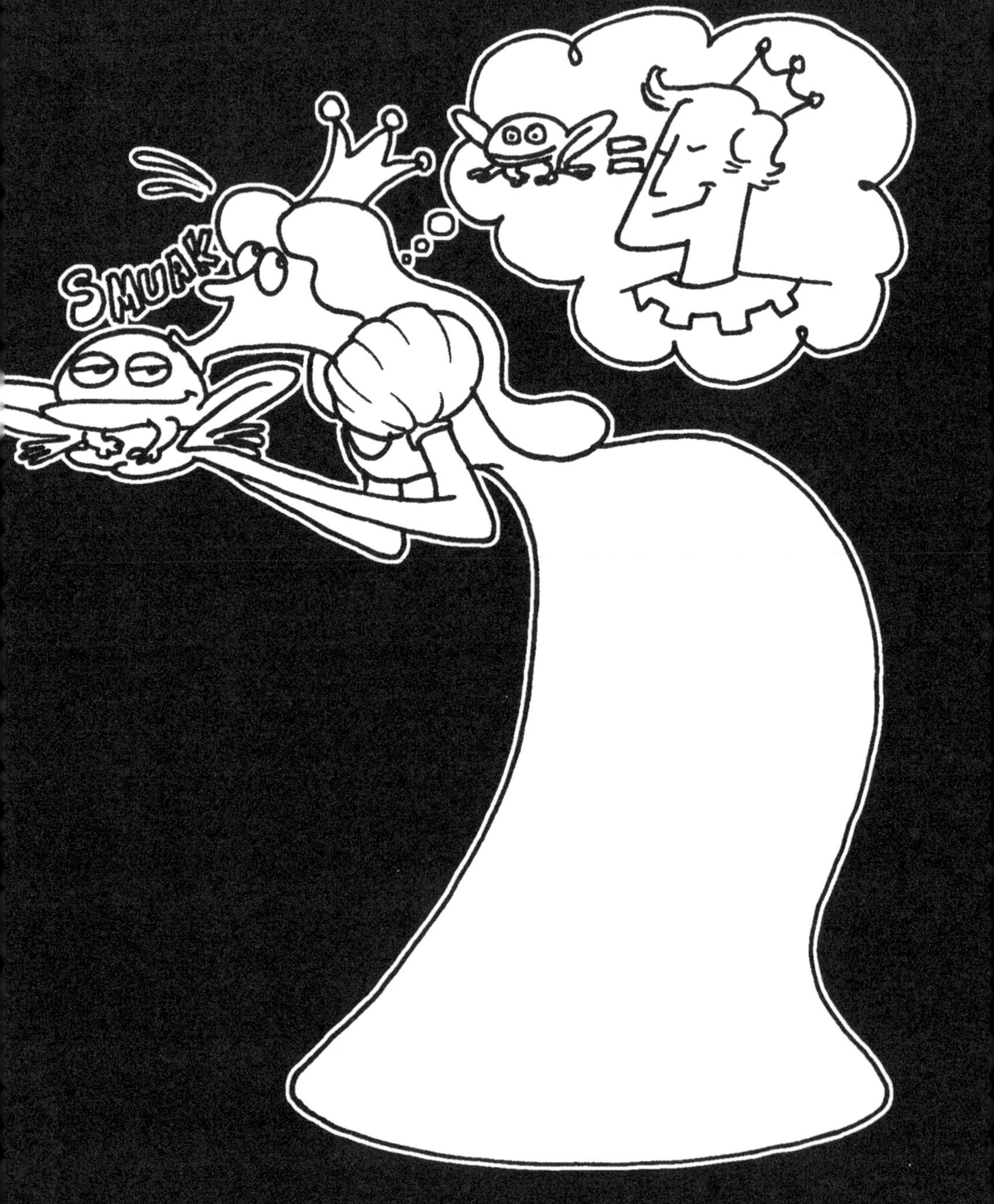
SMUAK

DICA 13
SAPO VIRA PRÍNCIPE SÓ NOS CONTOS!

Vamos dizer que você encontrou o homem de seus sonhos – ou quase. Há algumas poucas coisas que você desejaria que fossem diferentes. O que fazer? Nada! Ou você aceita algumas falhas ou procura outra pessoa. É claro que tudo isso depende do que a aborrece nele.

Se ele é perfeccionista, odeia boate (você ama), não é pontual, considere-se com sorte. São questões entediantes, mas relativamente inofensivas, as quais classifico na categoria A.

Por outro lado, se ele flerta com outras mulheres na sua frente em festas, às vezes demonstra um comportamento violento, não presta atenção quando você está falando-lhe alguma coisa importante ou se esquece do seu aniversário, então, ele está na categoria de comportamento B. Isso é muito grave!

No caso A, esforce-se para aceitar essas falhas e não implique com ele. Não vai funcionar de maneira alguma, tente se adaptar. Quando se trata do tipo B, como infidelidade e falta de consideração, agressividade, pense seriamente em terminar o relacionamento. As pessoas não costumam mudar tanto, e você não deve contar que isso aconteça. O que você vê é o que terá! Se um homem lhe engana durante o namoro, ele pode fazer isso durante o casamento. Ele pode ter o melhor dos comportamentos por um tempo, depois que você o flagrar em uma atitude desaprovadora pela primeira vez. Mas não se iluda. Velhos hábitos dificilmente morrem. Você deve decidir se pode viver com ele cheia de dúvidas e desconfianças.

A chave do sucesso de um casamento é estar feliz com as coisas do jeito que elas são e não como poderiam ser, caso ele se modificasse.

É claro que um tipo *playboy*, que caiu de amor por você, porque você agiu conforme as dicas, vai automaticamente modificar a sua vida. Lembre-se, você é o contrário das mulheres que ele conheceu; você se transformou em um desafio da vida dele. Siga as dicas e até mesmo o maior *bon-vivant* pode ser seu!

Decidir se você poderá ou não conviver com os maus hábitos de um homem ou com o seu passado (ex-mulheres e crianças) não é fácil. Além disso, alguns temperamentos não se enquadram facilmente nas categorias A ou B. Por exemplo, o seu homem pode ser alguém que não abre mão de seu potencial para enriquecer. Se você vai conseguir conviver com ele dependerá do quanto o dinheiro, a carreira, o *status* e uma linda casa são importantes para você.

Em todos esses casos, você deve refletir calmamente e tentar ter equilíbrio para fazer a coisa certa. Pergunte a si mesma se é realmente capaz de se casar com um ex-mulherengo ou um dependente recuperado. Você poderá viver com a possibilidade de que ele lhe traia ou volte a beber? Pergunte a si mesma se você pode conviver com enteados ou infidelidades passadas. Se a resposta for sim, tudo bem. Mas se você estiver muito preocupada com o passado dele ou com seu comportamento atual, você deve desistir. Levá-lo para terapia de casais na esperança de modificá-lo pode durar muito tempo e raramente funciona. E há algumas coisas que não podem ser mudadas.

Qualquer que seja sua decisão, não implique com ele, pois ficará sinceramente ressentido com você. Então, pense séria e demoradamente, mas não perca muito tempo decidindo. Conscientize-se de que há muitos homens lá fora!

Lembre-se:

O homem quer ficar com uma mulher que:

★ Valoriza mais a personalidade dele do que seu currículo;

★ o seu caráter mais do que sua situação financeira;

★ gosta da companhia e do senso de humor dele mais do que seu carro;

★ gosta de relacionamentos no qual haja um equilíbrio entre dar e receber, entre cuidar e ser cuidado, ajudar e ser ajudado, amar e ser amado.

★ Os homens admiram as mulheres que são extremamente claras a respeito do que estão dispostas a tolerar ou não. As que colocam limites em seus relacionamentos;

★ preferem as mulheres corajosas, imprevisíveis e persistentes;

★ têm necessidade de achar que decidem as coisas;

★ eles são carentes e buscam conforto nas relações. Eles foram educados para serem cuidados;

★ não se fixam em detalhes como rugas, celulite e estrias.

DICA 14

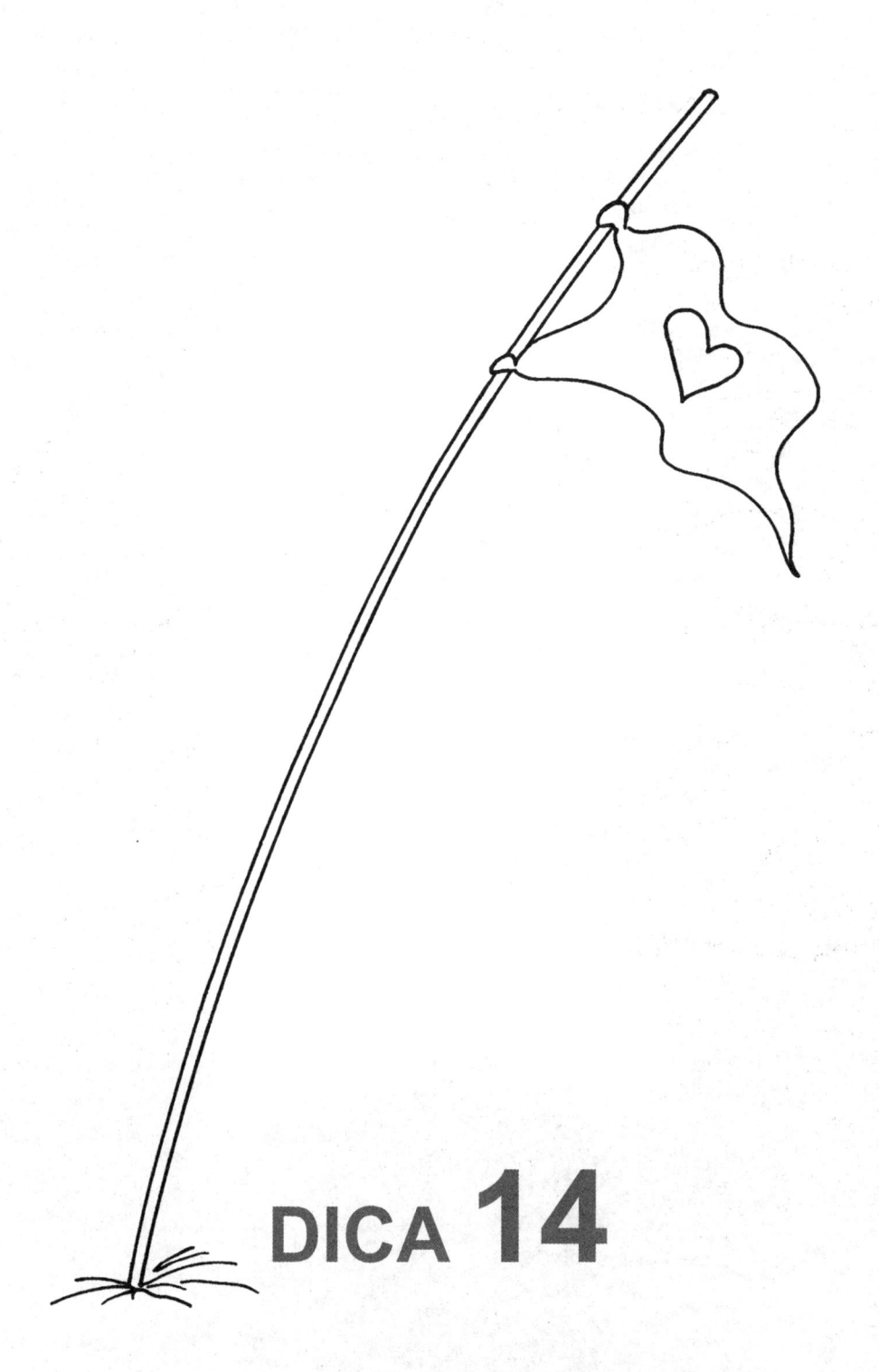

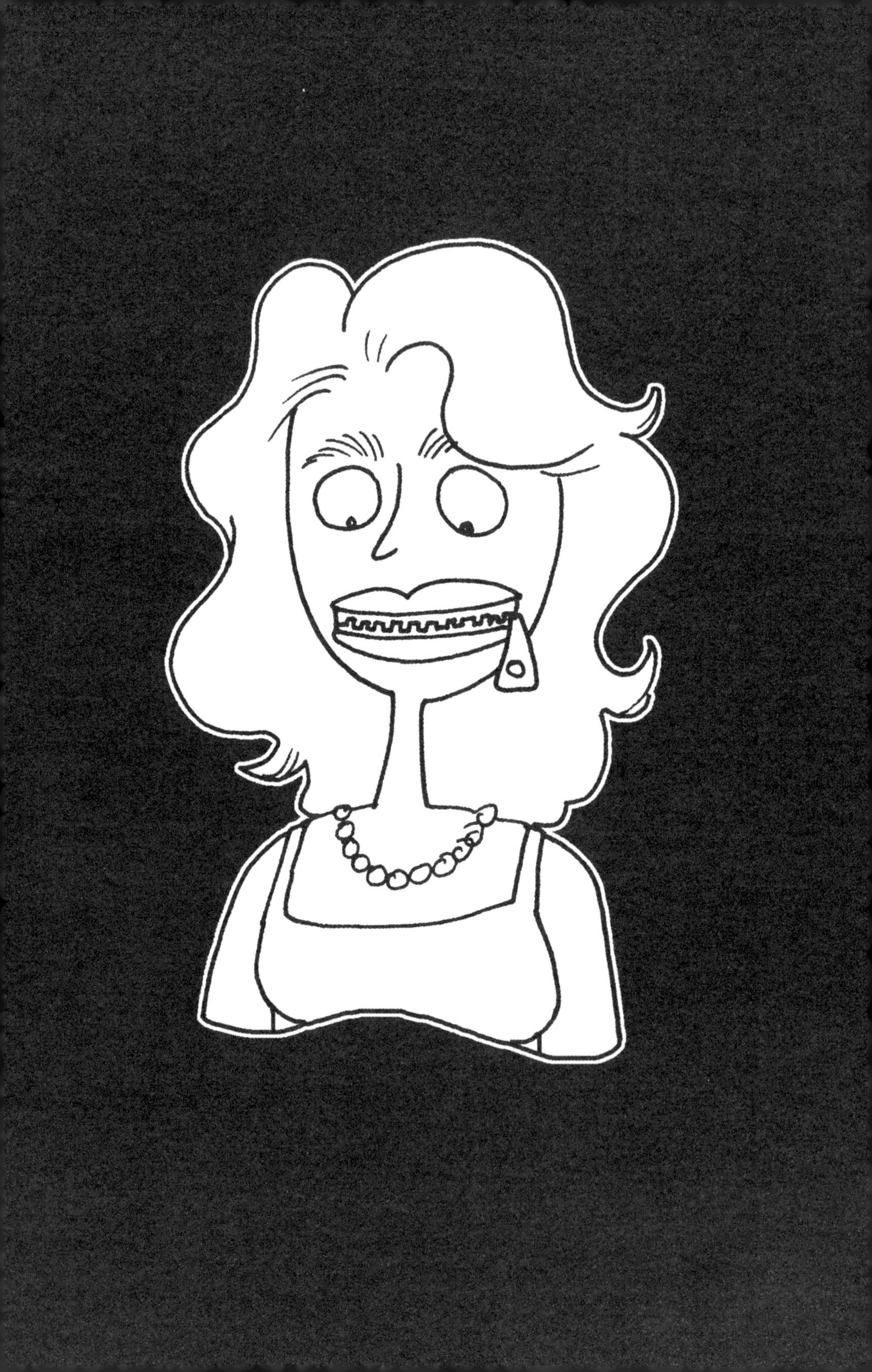

DICA 14
QUE O SILÊNCIO SEJA O SEU MESTRE!

Ao final dos primeiros meses, ele deve saber apenas alguns de seus dados, como o seu nome, sua profissão, quantos irmãos você tem, onde você fez faculdade, onde cresceu, e seus restaurantes favoritos. Ele não deve ficar sabendo de toda a sua história afetiva.

Namorar não é uma terapia. As mulheres tendem a exagerar em seus primeiros encontros, trazendo à tona relacionamentos passados, mágoas e medos, seus problemas com álcool ou drogas – tudo com intenção de se ligar ao seu novo pretendente. Isso é destrutivo e entediante.

Seja inteligente, porém superficial, interessante, mas misteriosa. Lembre-se, a pessoa que fala demais tem muito a perder. Muitas mulheres contam detalhes bem íntimos de sua vida muito cedo. Isso não apenas é insensato, como também não funciona.

Nenhum homem quer ouvir como sua vida foi equivocada e carente; não seja dramática em relação ao seu passado. Não se estenda em longos detalhes. Não seja chata. Nesses encontros os homens devem sempre se lembrar de você como uma mulher misteriosa. Essa impressão inicial tende a durar muito. Se e quando as coisas ficarem mais sérias, você pode casualmente lhe contar sobre suas dificuldades na infância e sobre alguns de seus medos. Ainda assim, fale com ele de maneira fácil, concisa e simples.

De maneira geral, quanto menos trágica você for sobre as circunstâncias de sua vida, mais simpatia vai atrair. *Peça simpatia e jamais a terá!*

Não estou sugerindo que você esconda ou minta sobre as coisas ruins de sua vida, apenas que você não o perturbe tão cedo com todos esses detalhes. Será que ele realmente precisa saber que o seu último namorado trocou você por sua melhor amiga? Sobre seu cartão de crédito cancelado? Sobre seus problemas de saúde? Ele deve sempre sentir que está apaixonado pela garota de seus sonhos, não por uma mulher arruinada.

Não conte toda história da sua vida nos primeiros encontros. Nunca diga quantos homens teve na vida, se um ou dez. Libere detalhes sobre você em doses homeopáticas e se tiver algum segredo inconfessável, guarde-o, ou conte apenas para seu terapeuta.

Quando ele fizer uma pergunta que não seja algo muito comum ou um convite especial, antes de responder, olhe nos olhos dele, tome um gole do que estiver bebendo, e só depois responda. Isso o deixará na expectativa, mesmo que por poucos segundos.

Não responda por completo todas as perguntas que ele fizer, dê asas à imaginação dele, deixe sempre um pouco de mistério em torno de você, como se houvesse sempre o que ser descoberto.

Quando ele a pedir em casamento, e antes de oficializar o noivado, ele deve saber tudo o que realmente é importante sobre você, sua família e seu passado. As "dicas" são verdadeiras e espirituais por natureza. É moralmente errado aceitar um anel de noivado sem revelar quaisquer que sejam as verdades a seu respeito que você precise compartilhar. Conte o que quer que seja de maneira calma e não dramática, e não o surpreenda com esses fantasmas depois de casada, como fazem muitas mulheres.

Lembre-se:

★ Não lhe diga o que sua terapeuta, astróloga ou professora de ioga pensa sobre a relação de vocês.

★ Não lhe diga como sua vida era confusa, antes de descobrir gurus, tarólogas, tipo "minha vida era uma bagunça antes de..."

★ Não fale que ele é o primeiro homem que a trata com respeito. Ele vai pensar que você é uma coitada ou uma mulher que não se valoriza.

- ★ Não lhe dê muito espaço para falar de seus relacionamentos passados.

- ★ Não diga "temos que conversar" em tom sério. Homens detestam essa frase.

- ★ Não o massacre com o seu triunfo profissional. Deixe-o brilhar também.

- ★ Não o atormente com as suas neuroses!

DICA 15

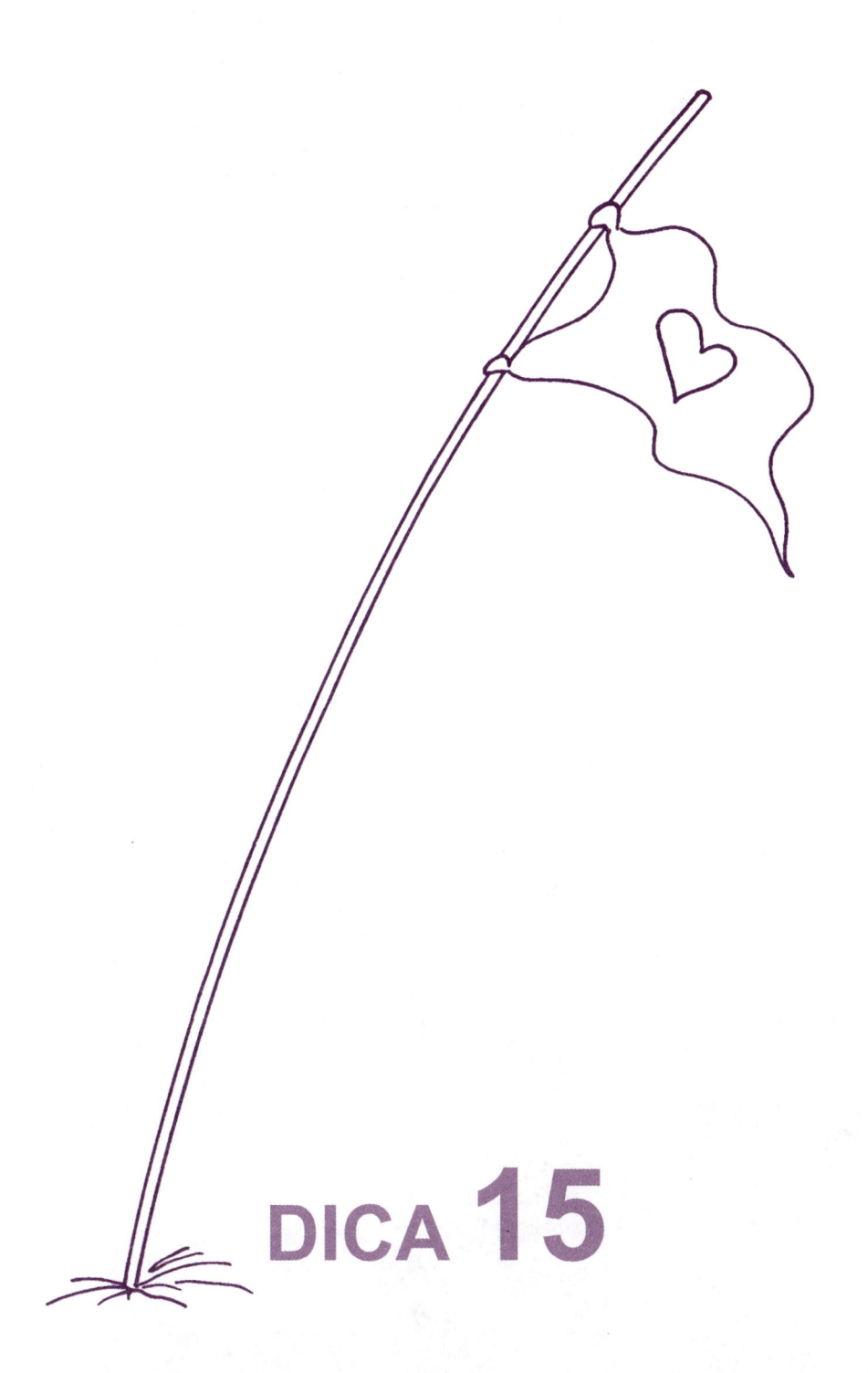

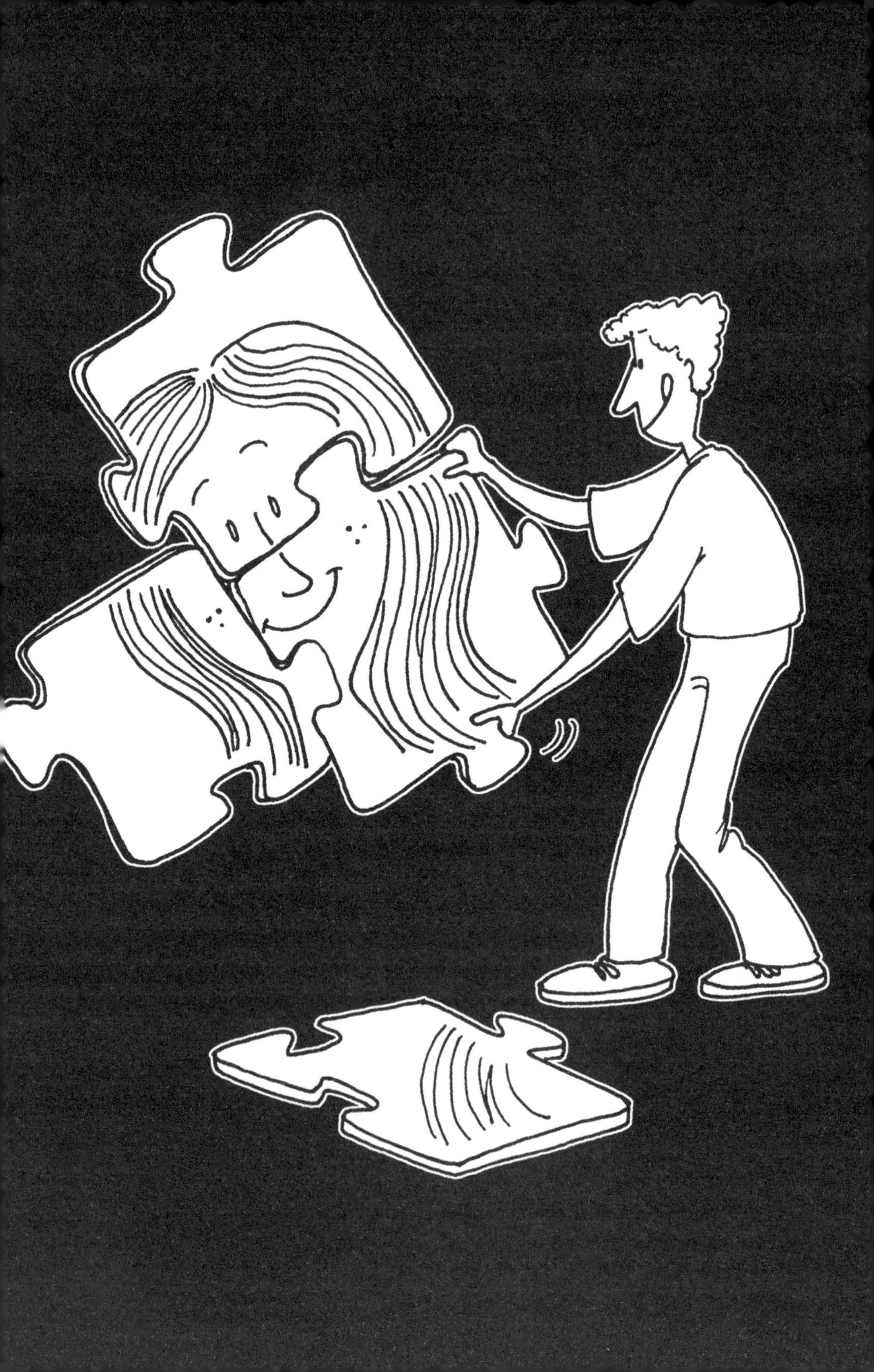

DICA 15
USE O MISTÉRIO A SEU FAVOR!

Deixe-o construir a sua imagem. Não a revele! Os homens adoram mistérios! Há 50 anos era bem mais fácil ser misteriosa com eles. Os namorados não viam os quartos das meninas tão cedo. Hoje, os homens buscam as mulheres em seus apartamentos, veem suas *lingeries* no banheiro. Apesar de tamanha abertura, é importante produzir uma certa aura de mistério durante o namoro.

Estamos todas em busca de alguém com quem dividir nossas vidas, pensamentos e sentimentos, mas espere até que ele diga que a ama para compartilhar os seus segredos mais íntimos.

Recato é a palavra de ordem, quando autêntico é porque faz parte da personalidade, está impresso na conduta. A mulher é discreta por natureza, reservada por temperamento e pudica por força de caráter. Quando não faz parte da personalidade, essas características podem ser assumidas, não como um princípio moral, mas uma postura adotada, pois o recato assumido nada mais é que uma estratégia utilizada a partir do momento em que as mulheres captaram a mensagem de que essa postura pode ser muito útil na hora da conquista. É preciso existir uma razão para que o outro tenha vontade de nos procurar. Precisa haver o interesse pelo que ainda não foi mostrado. O recato gera mistério. E o mistério é um tipo de elixir para o dia seguinte. É uma poderosa arma de sedução.

Certas mulheres, depois de muitas investidas frustradas, e quem sabe algumas sessões de análise – passaram a se dar conta disso. E talvez tenha sido aí que o enigma do recato renasceu, e as "dicas" foram trazidas à tona, como um tesouro que estava escondido e que agora está aberto, cheio de preciosas estratégias do passado, renascidas, como as pérolas, o crochê e todas essas coisas que retornaram à moda depois de terem recebido o rótulo de ultrapassadas.

- ★ Se o seu namorado está em sua casa e uma de suas amigas telefona e pergunta como estão as coisas entre vocês, não o deixe perceber que ele é o centro de seus pensamentos e de suas conversas. Diga simplesmente: "não posso falar agora, ligo para você mais tarde". Depois de desligar, não diga a ele quem era.

- ★ Observe que um silêncio é capaz de gerar mais impacto do que uma frase inteira. Que uma pequena fenda pode causar muito mais furor que um imenso decote. Antes que ele vá ao seu apartamento, retire este livro de sua mesa de cabeceira, não o deixe à vista. Deixe à mostra apenas livros populares. Esconda no armário alguma roupa rasgada ou algo que você não queira que ele veja, como um vidro de antidepressivo.

★ Nunca é demais relembrar: no geral, não ofereça qualquer informação que não seja absolutamente necessária. Se você estiver ocupada quando ele lhe convidar para um encontro, não revele o que vai fazer. Diga apenas que está ocupada, que sente muito, mas já tem um compromisso.

★ O mínimo é máximo. Deixe-o imaginar o que você está fazendo. Você não tem que ser um livro aberto. Isso é bom para ele e para você, mantém o tom intrigante.

★ Por outro lado não minta, dizendo que adora algo só porque ele gosta. A mentira não faz parte das "dicas". A Verdade é uma lei do Universo!

DICA 16

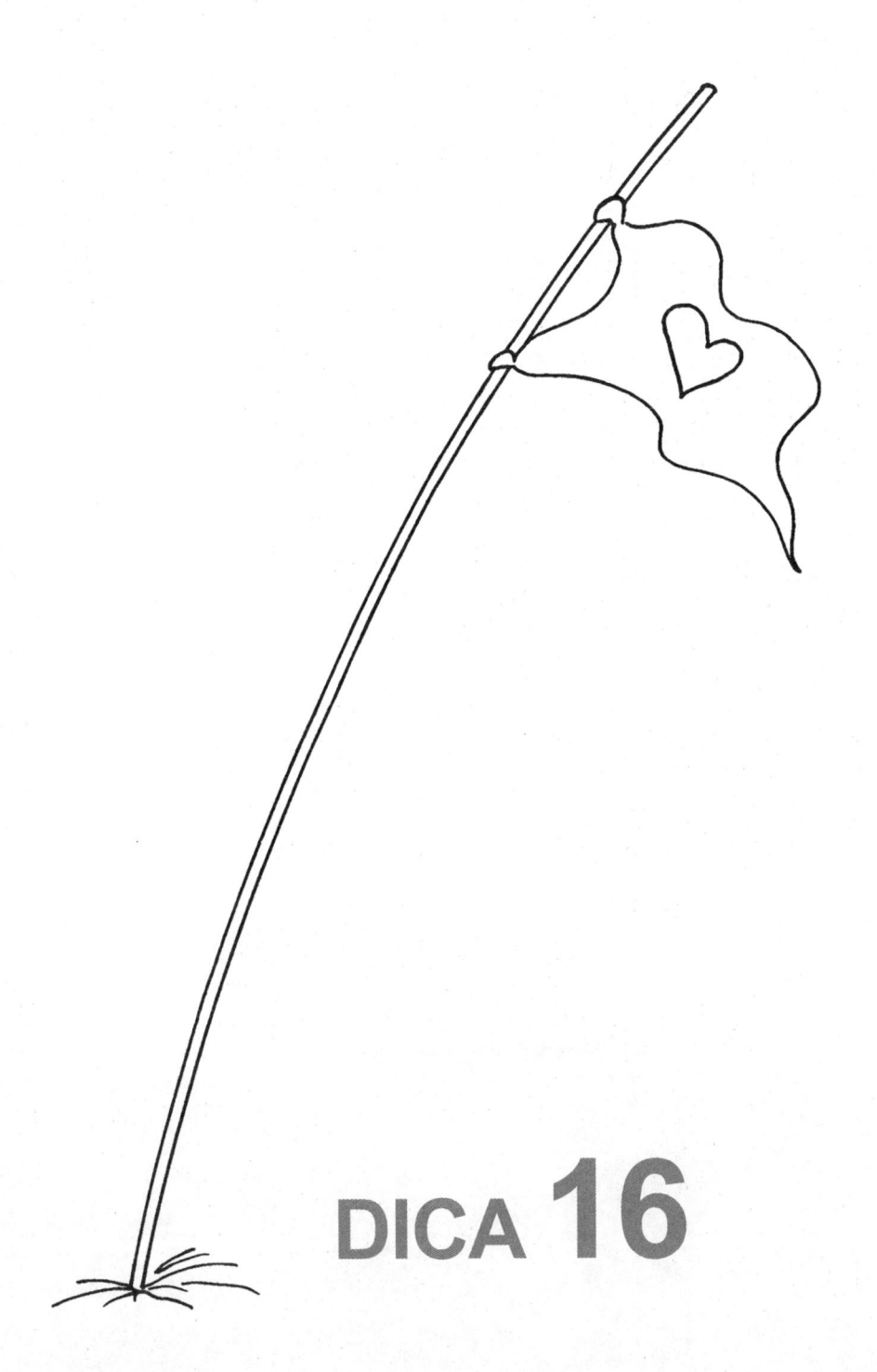

ZUUM

DICA 16
FUJA DE HOMENS CASADOS!

Se recentemente você conheceu um homem casado pelo qual está louca, deve tentar se conter. Se ele é tudo o que você queria como marido, você deve dizer a si mesma que em algum lugar existe um homem solteiro como ele para você.

Namorar homens casados (ou comprometidos) não é apenas uma perda de tempo, mas também desonesto com você, e estúpido; você merece e pode ter mais que isso. Então, por que tantas mulheres fazem isso? Algumas acham que é melhor do que não sair com ninguém, outras acham esta ilegalidade e seus perigos (um motel secreto para encontros) divertido e excitante, outras ainda se agarram à esperança de que um dia esses homens trocarão suas esposas por elas. Mesmo que isso aconteça, como você poderá viver em paz, sendo feliz em cima da infelicidade alheia? Não existe verdade em um homem que se comporta assim. Se ele hoje é infiel à sua esposa, mesmo que venha a se separar, possivelmente, amanhã você será a esposa que ele irá trair. Você pode até achar que com você será diferente, mas não se esqueça, não existem grandes mudanças de comportamento em relação aos homens. E infidelidade é uma coisa que você não corrige nunca. O sentimento deles é de fazer um favor a quem está sozinha, e nesse caso o compromisso passa longe dos pensamentos deles.

Todas essas mulheres sofrem de baixa auto-estima, senão por que aceitariam tão pouco? Acho que vale a pena pagar uma terapia, para descobrir por que você faz isto consigo mesma.

Quando você se envolve com um homem casado, basicamente passa a sua vida esperando que ele se separe. Esse dia limite pode ser transferido para depois do Natal, depois da Semana Santa ou depois que os filhos crescerem um pouco mais! E você chora quando ele não pode vê-la no Dia dos Namorados. Chora no dia de Natal, Ano-Novo, no aniversário de casamento dele. Você é sempre a segunda. No começo, os casos são cheios de promessas e de sexo maravilhoso. No final, você estará sempre chorando nos ombros das amigas e desejando que a mulher dele morra. Na sua opinião, ele não se separa por ser bom demais, por não desejar causar sofrimento a ela e aos filhos...

Será...? E você, o que representa, afinal, em sua vida?

Essa situação certamente traz sofrimento para todos os envolvidos, independentemente do desfecho. Portanto, nunca arrisque sua vida, sua reputação por causa de um homem. Mesmo que seja um homem disponível, apaixonado por você, ou um outro comprometido com o qual você não tem nada a fazer em termos de romance.

Não espere, desesperadamente, que, por algum milagre, a situação dele se modifique. Não seja uma mulher que espera ansiosamente, enquanto ele leva a esposa e os filhos para férias na Disney. Você deve ter sua vida própria!

Se, apesar de tudo, você estiver disposta a suportar essa situação, conscientize-se de que nunca terá o respeito e simpatia das pessoas de caráter. Sair com um homem casado é sinal de falta de amor-próprio, falta de ética e desequilíbrio...

Lembre-se:

★ Analise se você tem vocação para ser amante: não se importa de entrar em fria, com uma chance mínima de ter sucesso? Não se importa de ser a mulher da "véspera": véspera do Natal, do Dia dos Namorados, etc... ou seja, o pano de fundo.

★ É dado estatístico: quanto mais tempo ele passar com você nessa relação clandestina, menores serão suas chances de ficar com ele definitivamente.

★ Pela baixa autoestima, por medo da perda, por carência, algumas mulheres se contentam com o que o amante "decida" a oferecer.

★ Conheço muitos casos de amantes que, depois de conseguirem finalmente tirar o *homem dos seus sonhos* de casa, não o quiseram mais. Analise se você é daquelas que desde pequena só gostava dos brinquedos dos outros, e quando conseguia tê-los perdia o interesse!

★ Existem mulheres (conheço algumas) que apenas para continuar confirmando sua capacidade de sedução e compensar uma autoestima baixa, camuflada por atitudes bastante admiradas pelos homens como autoridade, liderança, aparente independência, etc., usam todo o seu poder de sedução, aprendido com *muito treinamento* para conquistar, principalmente, homens comprometidos, com filhos, desestruturando, assim, famílias, sem o mínimo de compaixão e responsabilidade pelas terríveis consequências geradas por um vaidade e frieza imperdoáveis!

DICA 17

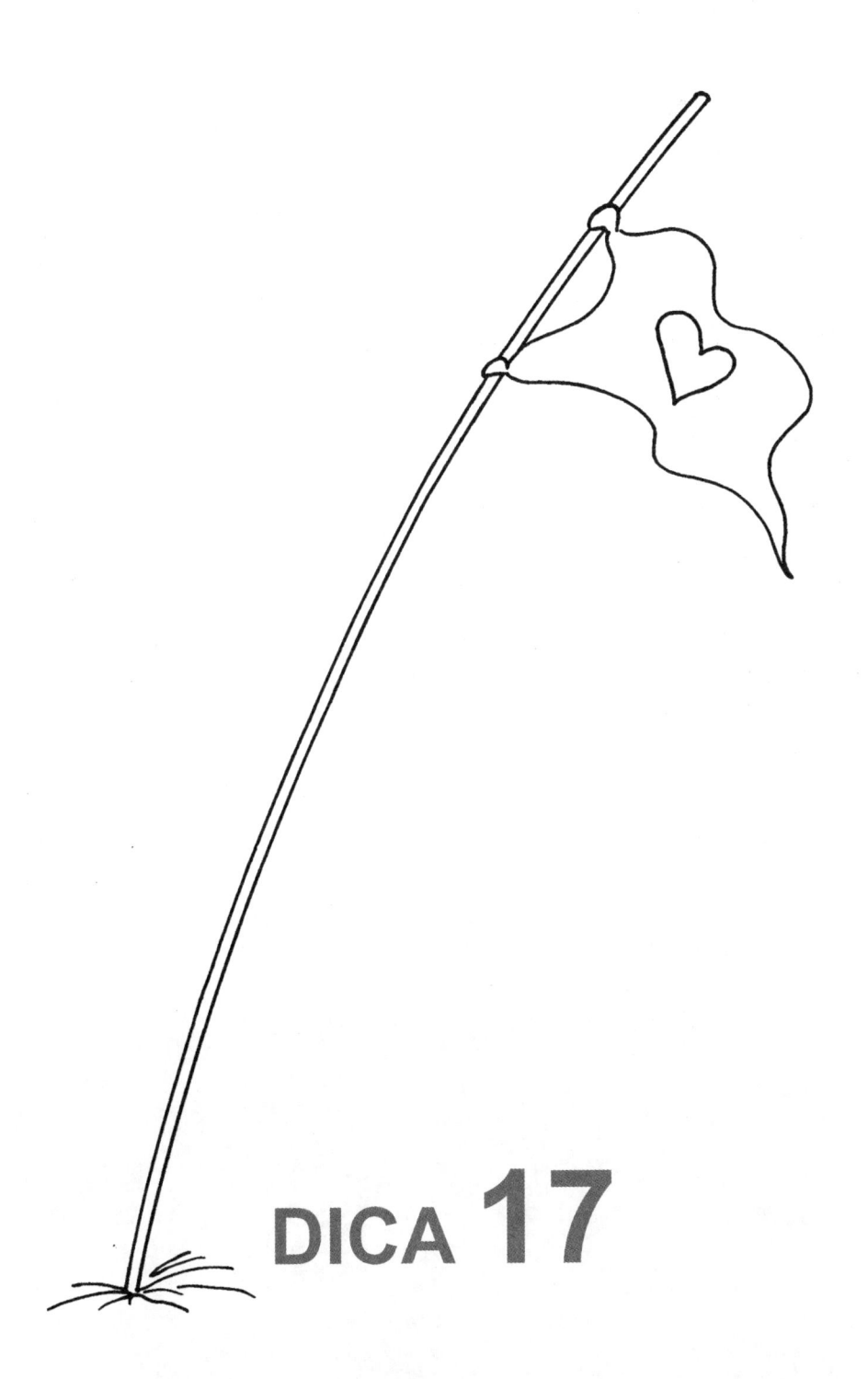

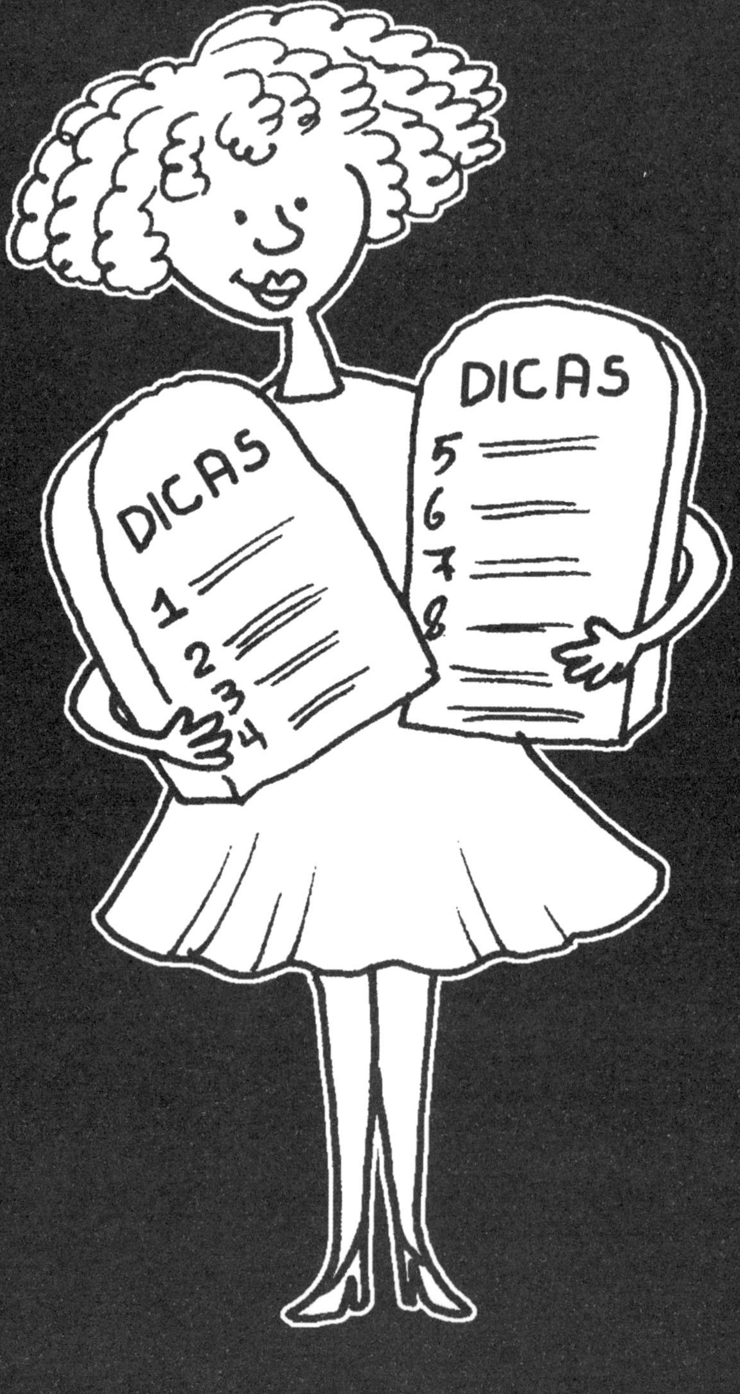
DICAS
1
2
3
4
DICAS
5
6
7
8

DICA 17
NOIVA OU CASADA, NEM TUDO VOCÊ SABE!

O ideal é que se pratiquem as dicas do minuto em que se encontra um homem até que ele diga que a ama e a peça em casamento. Mas se você não teve sorte o bastante de aprender as dicas antes de ler este livro, sugiro que faça o melhor possível a partir de já. Melhor seguir as dicas tarde do que nunca.

Não pense que poderá apagar totalmente o modo pelo qual se relacionou com seu noivo ou com o seu marido desde o tempo da paquera. Por exemplo, se você começou o relacionamento, ligou para ele, convidou-o para sair e tudo o mais com a intenção de fazer a relação funcionar, ele sempre vai esperar essas coisas de você. Ele não se sentiu vitorioso por se casar com você, ele sabia que a tinha. Você disse isso a ele com todas as palavras e gestos, logo, até certo ponto, ele a tem como algo normal e garantido. E há fortes chances de que você continue fazendo as coisas acontecerem ao perguntar a ele sobre os seus sentimentos por você, ao desejar que ele passe mais tempo com você.

Se você não seguiu as dicas no começo de seu relacionamento, o seu marido pode ignorá-la, falar com você bruscamente e tratá-la mal. Você pode pensar: "este comportamento é resultado de algum acontecimento ruim recente ou de seu passado?" Talvez, mas eu acredito que é pelo fato de você não ter seguido as dicas. Ele nunca precisou tratá-la como a mulher de seus sonhos. O mesmo homem que agiria de maneira indiferente ou ignoraria uma esposa que o perseguiu, nem sonharia em fazer isso com uma garota que tivesse seguido as dicas.

O abuso não ocorre em uma relação orientada pelas dicas porque quando você joga duro e ele se esforça para conquistá-la, ele vai achar que você é a mulher mais maravilhosa do mundo, mesmo que você não o seja. Ele a trata como uma joia preciosa.

Mas não se desespere. Comece logo a seguir as dicas da melhor maneira possível e ele perceberá a diferença em seu comportamento e vai desejá-la mais.

Lembre-se:

★ Não faça ligações frequentes para o trabalho dele. Quando o fizer, seja breve e prática: "A que horas é o filme?" Não ligue, frequentemente, dizendo: "Estou sentindo sua falta", ou coisa parecida. Ele é que deve ligar para você, para expressar tais sentimentos.

★ Vista-se melhor, um pouco mais *sexy*. Nenhum homem gosta de chegar em casa e encontrar uma mulher de pijamas ou de roupão o tempo todo. Tente usar jeans apertados, minissaias, vestidos ou uma blusa decotada. Ponha um pouco de maquiagem e perfume. Cabelos e unhas sempre arrumados. Procure estar sempre depilada e com a pele sempre fresca, de modo que ele, ao se aproximar, sinta o cheiro agradável da sua pele, e pense duas vezes antes de sair de perto de você. Mantenha o clima de namoro.

★ Aja de modo independente. Sempre esteja indo ou vindo. Não fique sentada no sofá esperando que ele chegue em casa.

★ Não o aborreça com problemas domésticos ou dores.

★ Faça muitos programas com as amigas, com as crianças. Vá ao cinema, ao shopping, faça um trabalho voluntário. Apenas vá. Isso o deixará querendo obter um minuto do seu tempo. Ele vai encurralar você na cozinha por um beijo, se ele sentir que você não está sempre por perto. Ele vai se sentir como se nunca tivesse você o bastante. Vai começar a ligar do trabalho para sugerir jantares a sós ou um fim de semana fora. Os homens adoram mulheres independentes, porque elas os deixam sozinhos. Eles adoram perseguir mulheres ocupadas.

★ Invente um *hobby*. Muitos homens passam a tarde inteira de domingo no computador, alguns trazem algum trabalho extra para casa, ou simplesmente assistem futebol. As mulheres tendem a se sentirem vazias quando os seus noivos ou maridos não as incluem em seus planos ou não prestam atenção nelas. É imperativo que você não o pressione para que desista de seus *hobbies*, amigos ou trabalho porque você está aborrecida.

★ Você receberá mais atenção se ficar mais ocupada do que ele. Faça programas com as crianças, saia para uma corrida ou entre para uma academia. Isso não apenas a manterá ocupada como a deixará mais atraente para ele.

★ Cuide da sua forma física. Ele poderá imaginar se outros homens estarão olhando para você no seu *colant* de *lycra*. Isso será bom para o relacionamento. Isso o fará desejar desligar a TV ou o computador e ficar a sós com você. A chave aqui é se manter independente e ocupada. Dessa forma, você não ficará em volta dele queixando-se de que ele não presta atenção o suficiente em você.

★ Porém, seguir as dicas significa, muitas vezes, agir como uma mulher novamente solteira, mesmo que você seja casada e com filhos. Então, vivencie, plenamente, esta conquista!

DICA 18

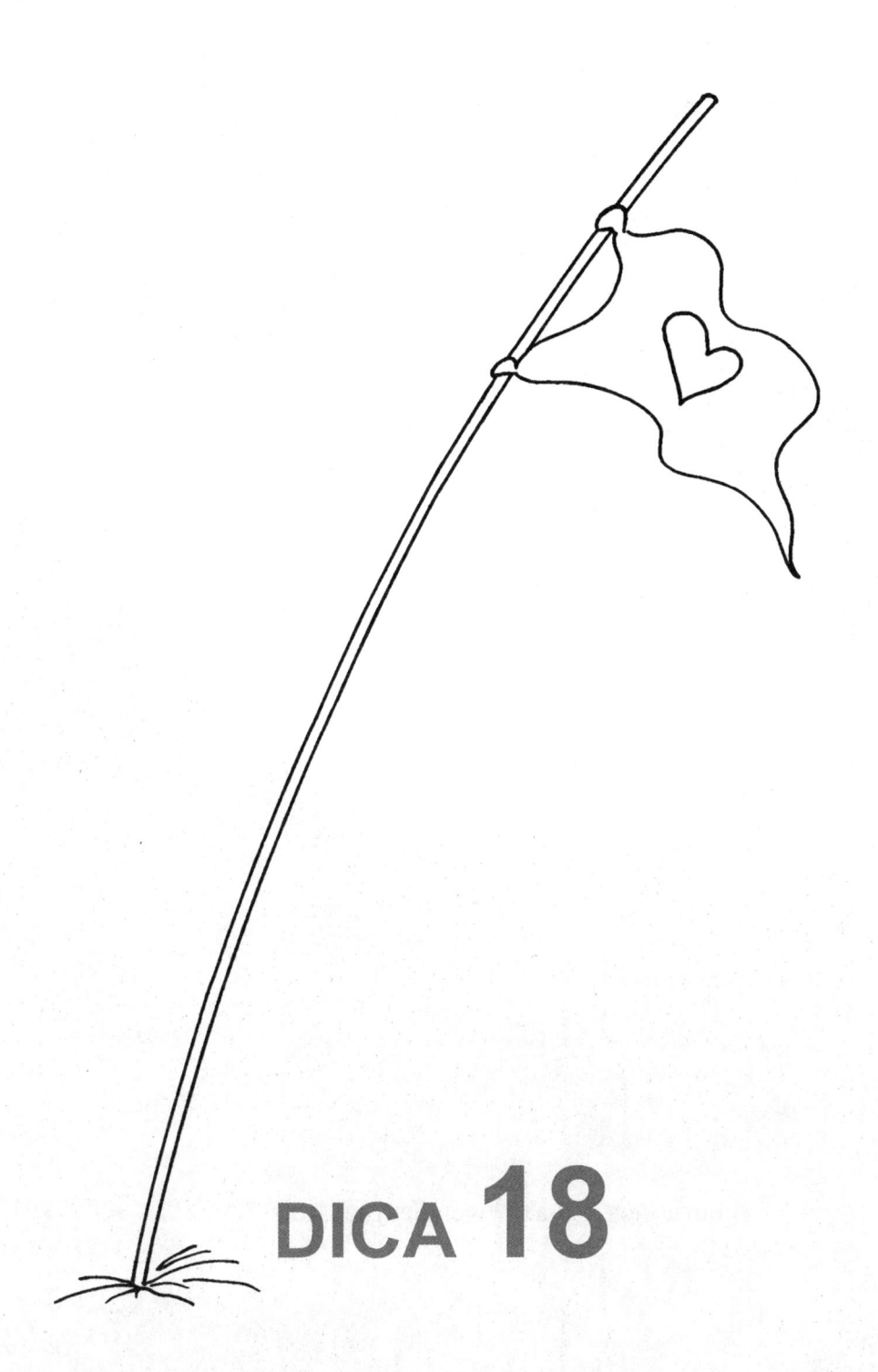

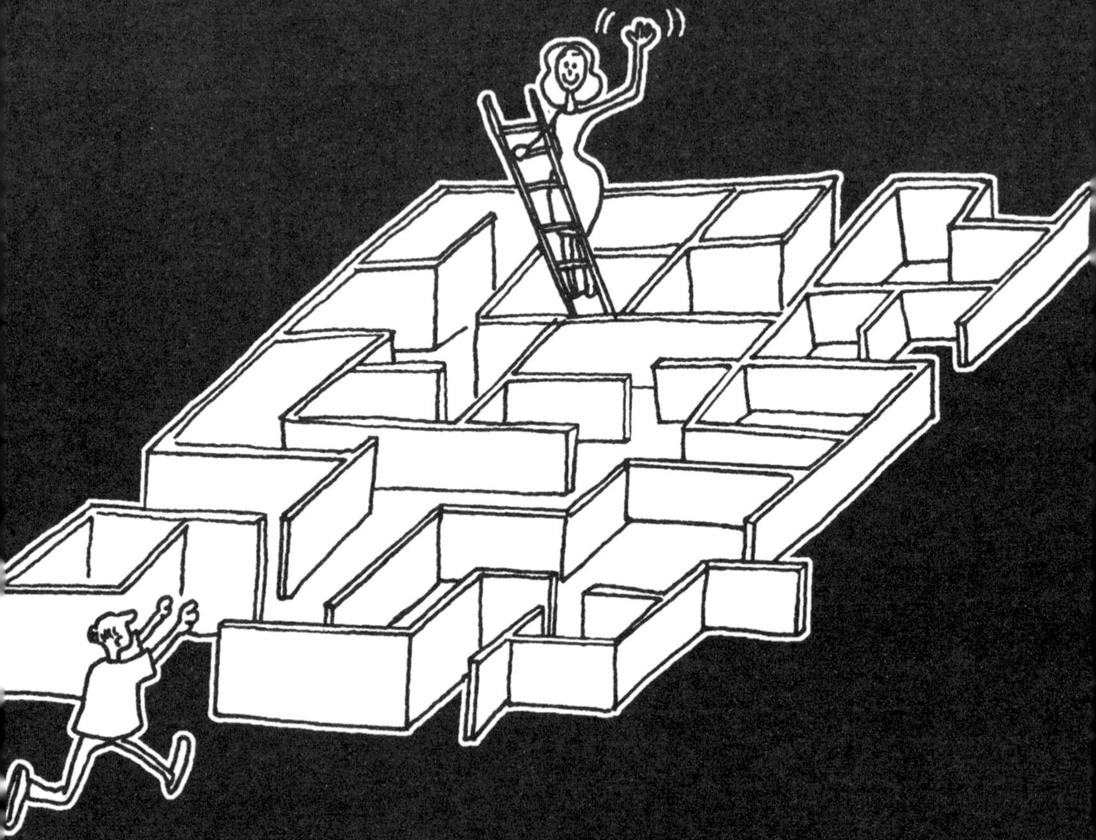

DICA 18
NÃO SE FECHE EM UM LABIRINTO...

Da mesma maneira que você trabalhou duro para ser difícil de conquistar, você deve trabalhar para ser acessível! Ter uma convivência agradável. Seja simpática, atenciosa, companheira e paciente; tente suavizar as faltas dele e fortalecer o seu ego – mostre-lhe seus pontos fortes, tente ver as coisas sob o ponto de vista dele. Não espere que ele veja tudo sob o seu ponto de vista o tempo todo.

Ser uma mulher de fácil convivência exige maturidade, flexibilidade e tolerância, equilíbrio entre o dar e ceder. E, principalmente, necessita de muitos cuidados de manutenção: um exemplo é o cuidado com o que se diz sem pensar, ainda que a TPM esteja elevada, que o chefe esteja insuportável. É preciso se policiar para não despejar uma avalanche de raiva sobre o seu companheiro. Geralmente ele não tem culpa de nada. Nem preciso dizer que palavras ferem fundo, mesmo sendo ditas em um momento de destempero. Por isso, fique atenta.

Frases e palavras impensadas podem ser o pontapé que a relação estava esperando para começar a rolar ladeira abaixo. Não ofender o companheiro é um dos mandamentos do relacionamento tranquilo, saudável e fácil.

Ainda que algumas mulheres construam fantasias do "viveram felizes para sempre!", nós sabemos que, na realidade, há crises, contradições de ideias, problemas de dinheiro, divergência no planejamento e educação dos filhos, etc., mas você deve tentar ser serena e altruísta. Habitue-se a ser feliz com o que você tem em vez de esperar que ele satisfaça todas as suas fantasias românticas. Não o assuste com tudo quanto é crise no minuto em que ele aparece à porta. E, lembre-se, os pequenos gestos de doçura constroem um grande casamento.

Você não tem certeza de que é uma mulher de fácil convivência? Então faça uma reflexão. Comece com o seu humor: como andam as risadas quando estão juntos? E, se parece complicado rir com tanto problema para resolver, analise o quanto você é solidária com ele, o quanto de compreensão há em seus gestos e expressões para com ele. Você faz muitas exigências?

Descobri que, para sermos felizes, precisamos prestar atenção nos pequenos detalhes que tornam a vida mais leve. Devemos começar, facilitando a convivência com as pessoas próximas. Então sorria, brinde e seja menos complicada e sempre gentil com seu companheiro, pois, ser uma pessoa de fácil convivência no início de um relacionamento é algo precioso. E admirável com o passar dos tempos!

Esse caminho não é sempre fácil. Às vezes, sua tensão pré-menstrual está a mil por hora, você não está a fim de ser tão doce, gentil e amorosa, nem a fim de depilar as pernas, de fazer-lhe uma comidinha fresquinha. Como se manter estável nessas fases? Sugiro que alguma atividade relaxante possa ajudar – caminhar, meditar, ler alguma literatura espiritualista, ir ao um terapeuta ou se juntar a um grupo de ajuda se a convivência começar a ficar muito difícil. Mas qualquer saída que você encontre, lembre-se de manter o foco em si mesma. Não vá para uma terapia ou para um exercício com a ideia de mudar o seu marido. Mude a si mesma e suas reações ao que ele faz ou deixa de fazer. Os resultados serão surpreendentes!

Tente se lembrar de que uma atitude de gratidão pode ter um longo efeito. Nos dias mais difíceis, tente se lembrar das razões pelas quais você se casou. Em meio a uma discussão tenha cuidado para não dizer palavras duras que deixam marcas, não traga à tona coisas do passado, isso só servirá para desgastar o relacionamento.

Verifique cuidadosamente se você não sofre de falta de inteligência afetiva, se não apresenta algum sinal de distúrbio emocional. Seja honesta consigo ao fazer estas indagações:

- ★ Apresenta crises e traumas que exigem atenção?

- ★ Tenta afastar seu namorado ou marido de parentes e amigos?

- ★ Insiste em ser o centro das atenções?

- ★ É irritada, petulante, egoísta, destrutiva, manipuladora?
- ★ Sente-se ofendida facilmente?
- ★ Faz cenas e cria problemas?
- ★ Possui expectativas insensatas, fora da realidade em que vivem?
- ★ Faz exigências absurdas, que fogem dos limites de cada um?
- ★ Chora por qualquer motivo para sensibilizá-lo?
- ★ Tenta manipular a opinião dele?
- ★ Sufoca-o com excesso de carinho e zelo?
- ★ Limita suas ações e territórios?
- ★ Faz chantagem sentimental com ele?
- ★ Cobra dele exclusividade de atenção?
- ★ Não demonstra consideração pelos interesses dele?

Se após esta autoanálise perceber que se identifica com alguns desses questionamentos, não hesite em buscar ajuda profissional!

DICA 19

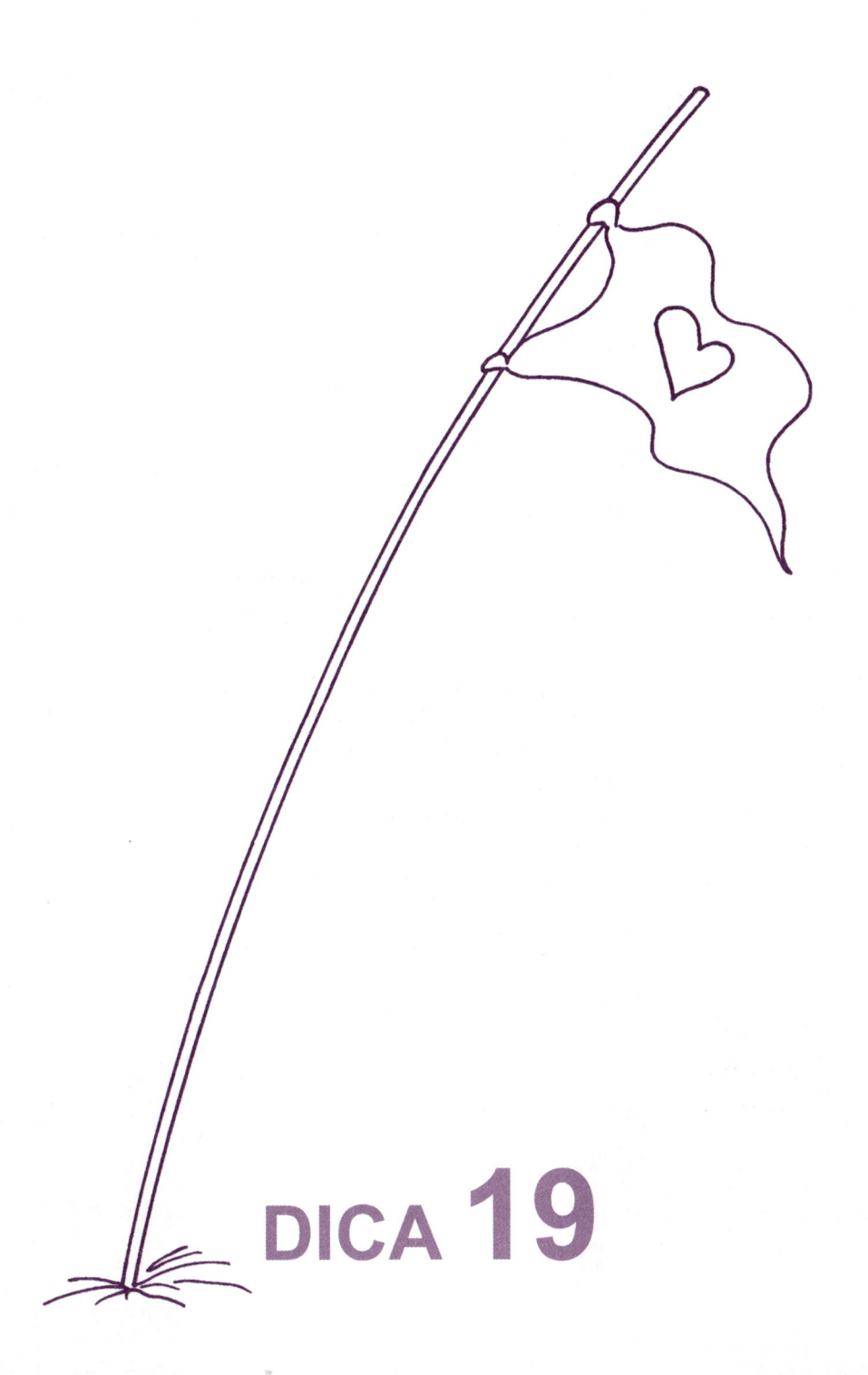

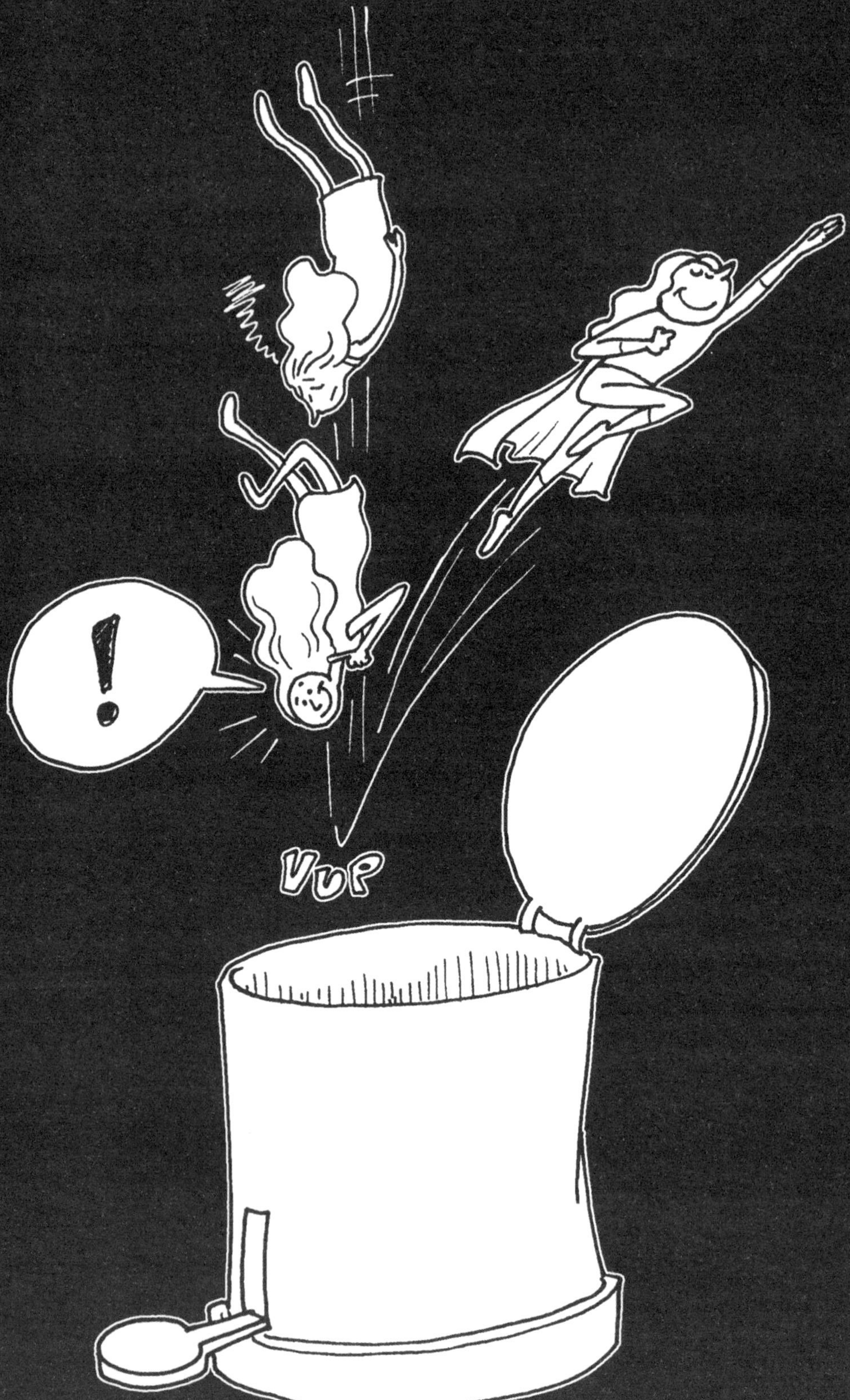
!
VUP

DICA 19
COMO LIDAR COM A REJEIÇÃO

Seguir as dicas é uma tentativa para que você não seja desnecessariamente magoada por um homem.

Ao nos comportarmos com os homens de acordo com as dicas – de maneira independente e ativa sem sermos agressivas nem carentes – nos resguardamos dos maus-tratos.

No entanto, não podemos forçar um homem a se apaixonar, nem evitar que conheça outra de quem ele passe a gostar mais e, consequentemente, nos abandone.

Então, o que se deve fazer quando se é dispensada?

Uma reação natural pode ser a inércia e o isolamento sem vontade de se cuidar, usar maquiagem, chorar, dormir demais, ouvir canções tristes de amor e jurar que jamais encontrará novamente alguém tão perfeito quanto ele. Muitas tentam encontrar consolo na geladeira ou falar dele sem parar para as amigas. Obviamente, isso é ridículo. Permita-se uns dois dias desse comportamento e depois siga em frente.

Lembre-se: mulheres irresistíveis não ficam penduradas nos homens que as rejeitam. Elas dizem "azar o dele" ou "que venha o próximo" e vão em frente. Elas não se lamentam por não terem feito as coisas de maneira diferente ou por terem dito isto e não aquilo. Elas não escrevem cartas aos homens oferecendo-se para mudar ou para fazer as coisas funcionarem. Elas não ligam para eles nem mandam recados pelas amigas. Elas aceitam que tudo acabou e superam esta perda. Elas não perdem tempo. Essa relação não tinha que ser! A receita das dicas para a rejeição é acreditar em abundância, é adquirir fé, acreditar que tudo que nos acontece tem um motivo maior de ser para o caminho do nosso crescimento emocional e espiritual, para o aumento da nossa autoconsciência. Busque se conhecer mais profundamente, se perceber, se sentir. Aumente sua autoestima. Então, vista um belo vestido, faça uma linda maquiagem e vá a festas, além de dizer às amigas que você está solteira.

Mulheres irresistíveis não ficam em volta de um homem quando não são desejadas. Elas não tentam reviver a amargura de um amor perdido. Se você tem ignorado as dicas ao ponto de que ele já tenha se convencido de que não a ama mais, não fique nessa história à espera de uma segunda chance. Lembre-se, às vezes o tempo e a distância fazem um homem perceber que ele cometeu o maior erro de sua vida. Quando isso acontecer (muitas vezes acontecem) e você estiver disposta e preparada, psicologicamente, a recomeçar, a reelaborar todo o relacionamento, a decisão dessa vez estará em suas mãos, ou melhor, em seu coração!

Seja qual for a situação, nunca é tarde para viver uma relação. Se uma relação não deu certo, existe sempre um modo de recomeçar. Imagine o quanto você é feliz de ter uma nova oportunidade de conhecer outra pessoa interessante, não existe *fora da idade, já passou da época*, existem, sim pessoas interessantes e desinteressantes, independentemente da idade.

Lembre-se:

★ Existe um método muito eficaz para se desapaixonar, depois de ter perdido um amor: a paixão nasce dentre vários motivos, pela admiração que é baseada na idealização nesse estado, as características positivas dominam totalmente as negativas. O objetivo desse método é separar o que é real e o que é imaginação, e fazer a pessoa entrar em contato com os aspectos negativos que ficaram subestimados.

★ Inverta o processo, em vez de pensar nos pontos positivos, nas fantasias que a fizeram se encantar. Seja objetiva e procure listar as características negativas e pensar só nelas quando lembrar dele.

★ Ele foi embora. A palavra "acabou" não sai da sua cabeça. Como corpo e mente funcionam juntos, o organismo acusa o golpe... o coração parece doer, a respiração muda de ritmo, o organismo libera uma dose extra de cortisol no sangue. Por causa desse estresse emocional os sintomas começam a aparecer como insônia, alteração no apetite (come muito ou não come nada), falta de energia, com a baixa do sistema imunológico, aparecem surtos de herpes, gripes, etc.

★ O que fazer então? Tente diminuir o máximo esse período, dê um tempo para o coração e a mente assimilarem a perda e, assim, poderem superá-la. Enquanto isso, procure alternativas para aliviar os sintomas desse estresse, como: massagem e um banho quente para as dores físicas.

★ Faça atividade física para a falta de energia, pois melhora a circulação sanguínea e a oxigenação nos pulmões. Consequentemente, aumentará o pico de energia.

★ Aumente seu sistema imunológico com muitas frutas cítricas e vermelhas.

★ Melhore sua respiração, inspirando profundamente e contando cada expiração, pois além de induzir ao sono, ajuda a dominar a ansiedade.

★ Procure uma terapia para ajudar no autoconhecimento. Pode acreditar, tudo isso é temporário, quando a pressão acabar, o organismo entra em equilíbrio novamente.

DICA 20

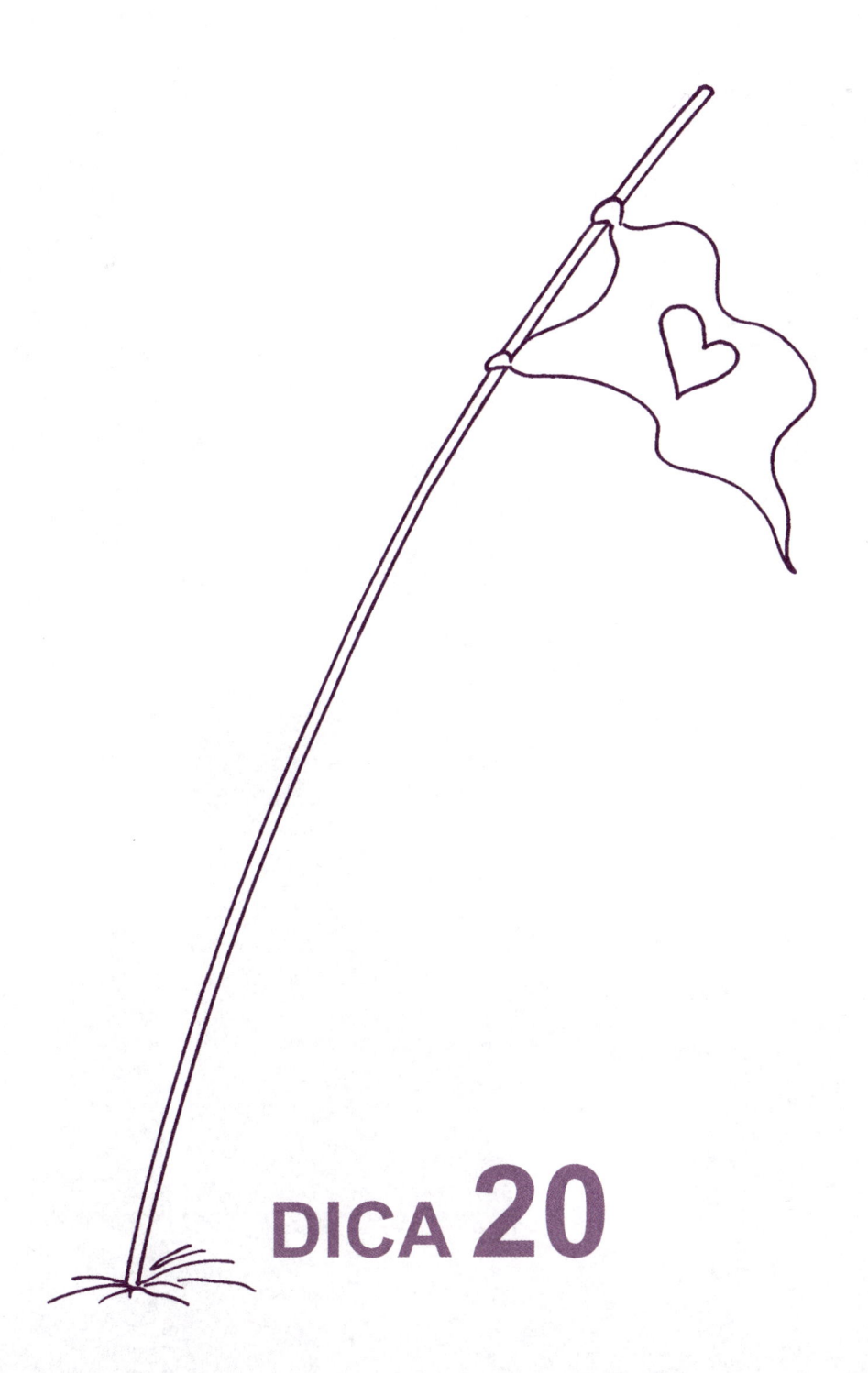

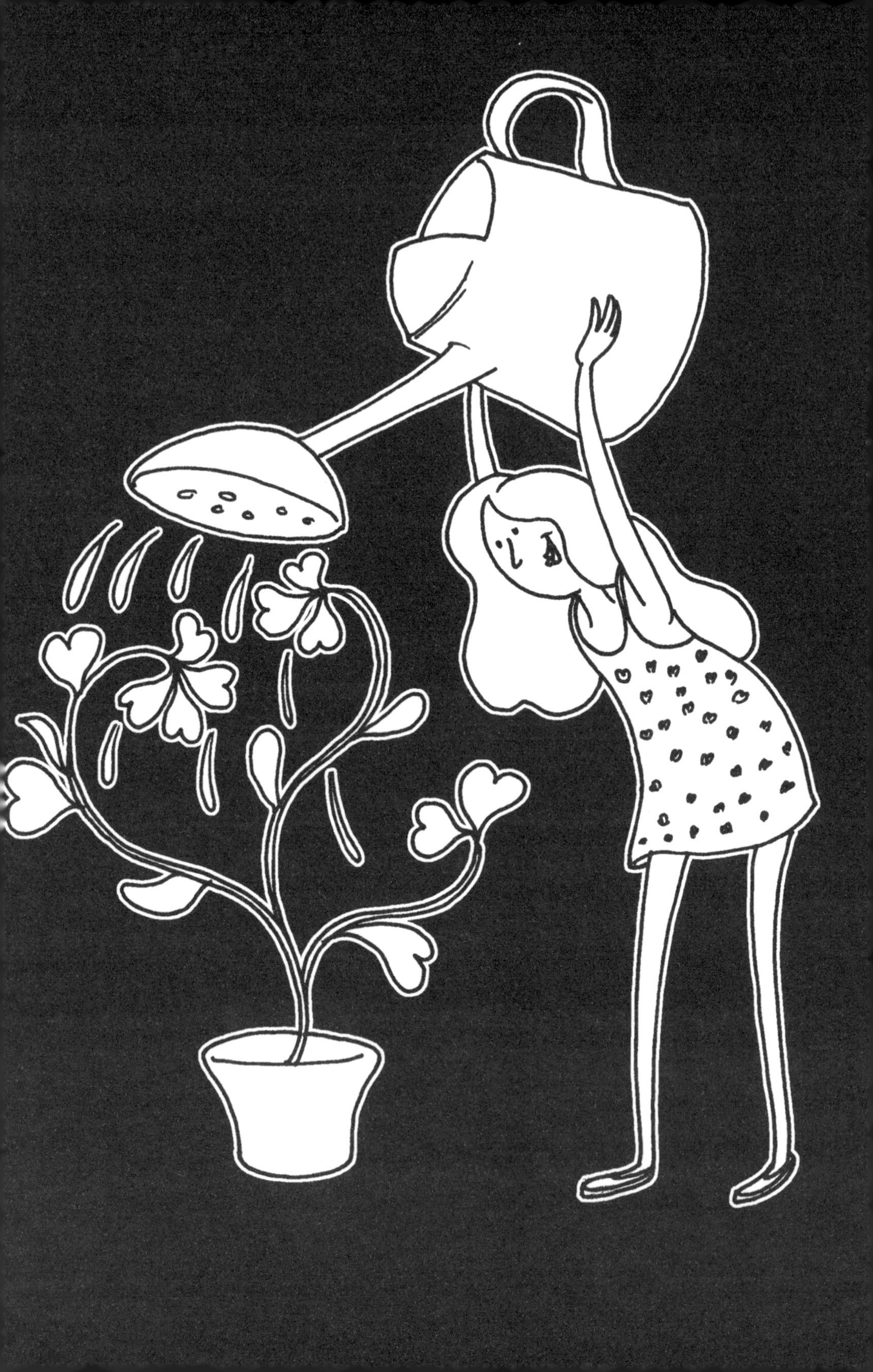

DICA 20
UMA RELAÇÃO SAUDÁVEL, MADURA E FELIZ!!!

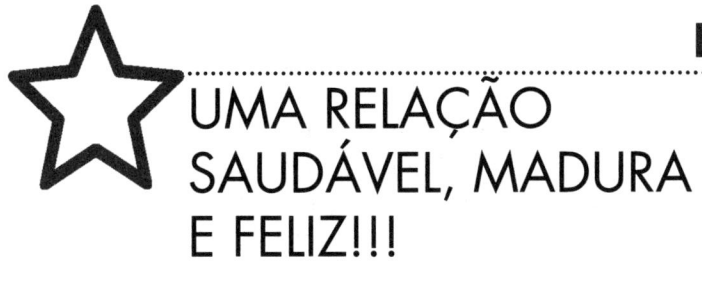

Após a etapa da paquera, do flerte, dos primeiros encontros, da conquista, finalmente você encontrou um homem de quem gosta e parece que ele gosta de você.

É aqui que termina a parte *difícil* e começa a parte mais difícil. Quando duas pessoas começam a ficar mais próximas, os pontos vulneráveis de cada uma vão aparecendo e, com eles, os desafios e desentendimentos.

Aproximar-se significa ser capaz de suportar pontos extremamente vulneráveis, períodos de ansiedades e uma série de outras emoções.

Estabelecer uma relação íntima é algo que irá ressuscitar todas as experiências íntimas que você já teve na vida, desde o seu nascimento. Todas as ligações significativas com sua mãe, seu pai, seus irmãos, seus avós, babás ou outras pessoas que foram importantes em sua vida. As lembranças de todas essas experiências íntimas vivem dentro de cada um de nós, tanto boas, quanto ruins. Levamos conosco, para cada relação adulta, os comportamentos que se desenvolveram em nossa família.

Relacionar-se com um homem significa relacionar-se com o que ficou de seu sistema familiar. Existem coisas boas, e sempre há coisas negativas.

Se ainda não fez terapia, você provavelmente interpretará o comportamento de seu parceiro da mesma maneira que interpretava o comportamento de seus pais ou irmãos. Provavelmente, vai imaginar que as necessidades dele, assim como suas reações a determinados fatos, são semelhantes às necessidades e reações das pessoas que foram significativas para você. Porém esse homem não é membro de sua família. Ele não vai reagir a você do mesmo modo que seus pais fizeram, nem como seus irmãos. Você deverá ficar consciente desse processo e procurar compreender suas próprias vivências e em que base elas foram construídas.

Faça o possível para considerar este homem como o indivíduo que ele realmente é, com sua própria história de vida, que nada tem a ver com os estilos de comportamentos que você estabeleceu durante sua vida.

Faça uma reflexão sobre este assunto: qual é o seu perfil em suas relações? Você o adquiriu de seu pai ou de sua mãe? Como eram as relações de rivalidade com seus irmãos ou crianças próximas? Como eram os ataques verbais, quem começava as discussões? Quem era o autoritário e o passivo, tolerante em sua casa, o seu pai ou sua mãe? São algumas perguntas para que você possa fazer uma autoanálise e passar a perceber qual o papel que você desempenha em seus relacionamentos em geral.

O importante é lembrar que em qualquer situação, qualquer relação, qualquer discussão ou conflitos de ideias, nunca tire conclusões precipitadas nem aja de acordo com suas experiências passadas. Comece tudo de novo! Elimine formas de comunicação que se baseiam no silêncio irado, no tom de voz sarcástico, nas palavras humilhantes, nas decisões impulsivas, nas conclusões, sem informações.

Às vezes o que parece uma coisa, pode ser outra bem diferente.

Não deixe que experiências negativas do passado arrase suas esperanças para o futuro!

Substitua estilos de comunicação agressivos, depreciativos, destrutivos por um método de comunicação produtivo e construtivo, sendo mais assertiva, direta, aberta e mais sensível. Um relacionamento sem boa comunicação não é um relacionamento. Comunique às pessoas, ao seu parceiro o que está sentindo e procure saber o que ele sente. Converse, não grite, não julgue nem critique. Não conclua, simplesmente dialogue, seja sincera e mostre seu descontentamento com palavras, não com ações ou reações, elevação do tom da voz, ou expressões de crítica e ironia.

Em qualquer discussão, concentre-se no fato específico, em como resolvê-lo e como não acontecer novamente. Mantenha as coisas focalizadas no momento e fale somente sobre o fato em questão. Só piora a situação voltar às histórias que não deram certo, falar sobre outras questões. Essa mesma lógica é válida para grandes questões. Você tem de focar a questão que está se apresentando e resistir à poderosa tentação de relacioná-la com todos os outros grandes problemas sobre os quais quer falar.

Ter um compromisso sério com alguém significa se comprometer a elaborar as questões e tentar resolvê-las. Entendê-las e buscar soluções mais simples e menos traumáticas. Ceder na maioria das vezes não é perder a batalha, é mudar o cenário da contenda e ter oportunidade de retomar o assunto em outra situação mais favorável. Comprometer-se significa ceder e sobreviver depois da perda das fantasias, enquanto você enfrenta as realidades da vida cotidiana com outro ser humano que nem sempre tem os mesmos desejos, necessidades, medos, sonhos e atitudes, sem falar no termostato interno e no relógio biológico de cada um.

Nem sempre é muito romântico, mas um compromisso é um processo significativo, real, especial e muito fascinante! Um desafio que vale a pena ser vivido.

Lembre-se:

★ Invista diariamente em seu relacionamento, por meio de pequenos gestos de atenção e generosidade. Isso solidificará cada dia mais sua relação.

★ Pense antes de agir, procure não dar um peso excessivo aos problemas. Preserve a harmonia cotidiana com o seu parceiro.

★ Saiba expressar suas discordâncias com discussões produtivas, sem que haja uma disputa com vencedor e perdedor, mas com um empenho para achar uma solução conjunta de felicidade.

★ Cultive sentimentos de afinidade, apoio, solidariedade, afeto, abertura na comunicação, na relação com seu parceiro.

★ Para se expressar de uma forma saudável e aberta em um relacionamento, é necessário possuir ou desenvolver valiosas qualidades pessoais, como segurança, autodomínio, bom senso, generosidade e compromisso com a justiça.

★ Relações felizes têm tudo a ver com espontaneidade, liberdade e cumplicidade!

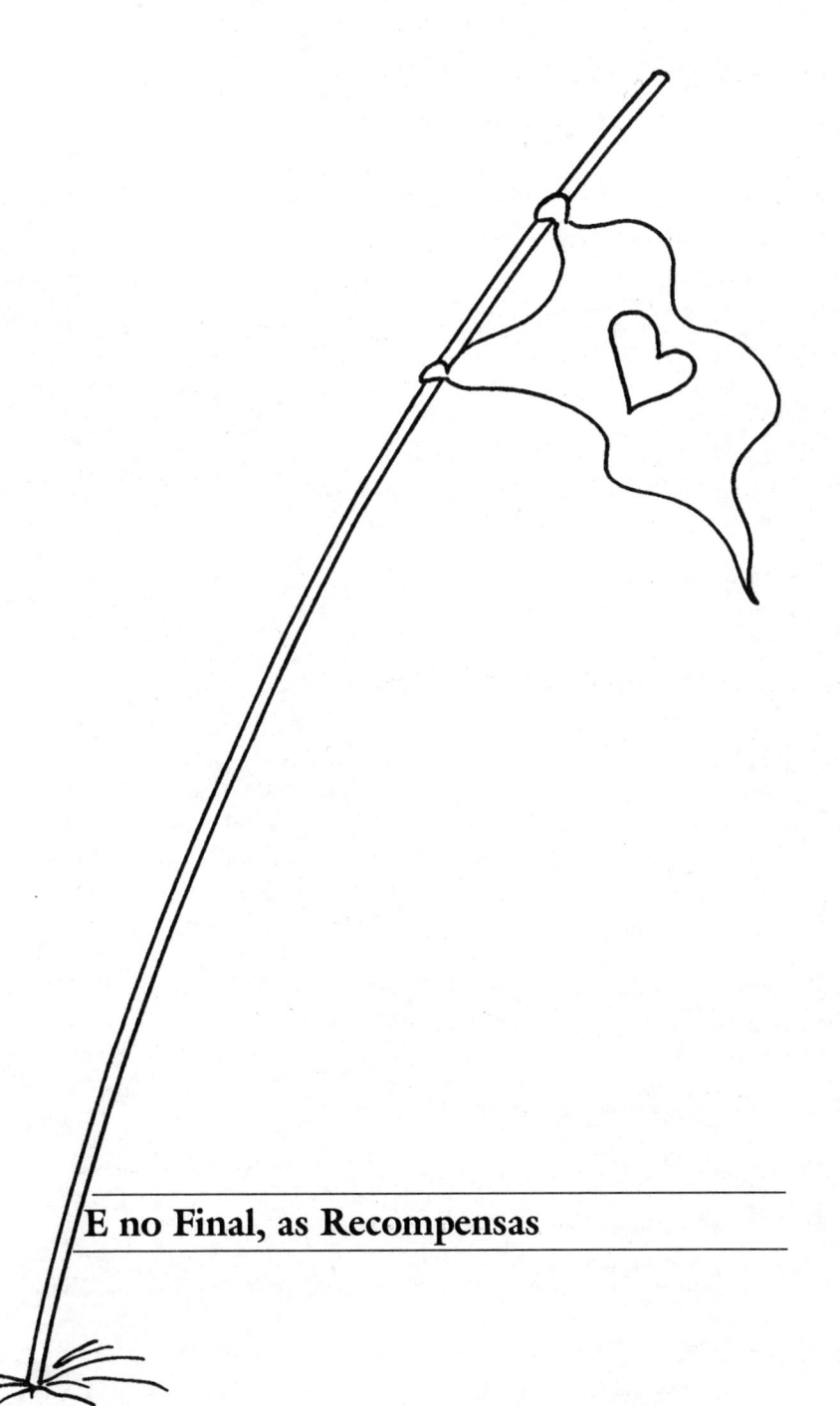

E no Final, as Recompensas

E NO FINAL, AS RECOMPENSAS

Uma das mais gratificantes recompensas de seguir as dicas é que você aprende a amar apenas aqueles que a amam, não se sujeitando a situações humilhantes como implorar pelo amor do outro.

Aprende a cuidar de si mesma: está cheia de interesses, de atividades, de encontros e não está telefonando nem perseguindo os homens; tem uma grande autoestima porque não está se subestimando nem tendo casos com homens casados.

Você ama com a cabeça e não apenas com o coração. É honesta; tem limites, valores, ética. Você é especial, uma mulher diferente!

Qualquer homem terá sorte em tê-la, porque você ama a si mesma, não está mais interessada em homens que a ignoram, a traem, a magoam física ou emocionalmente e, claro, em qualquer homem que possa viver sem você. O tipo de homem que uma vez entediou-a porque telefonava demais ou escrevia muitos cartões, hoje lhe parece mais atraente e desejável. Não quero sugerir que ame alguém simplesmente porque ele a ama. Não, você ama quem você ama. Mas quando um homem pelo qual está interessada está louco por você, você fica feliz. Não fica aborrecida ou fria. Não pensa: "Ih, este é fácil demais". O amor deve ser descomplicado!

Como resultado de seguir as dicas, você tem uma nova atitude. Você ama, sendo amada. Se alguém a acha maravilhosa, é porque também é maravilhoso, não um idiota. Você não tem vontade nenhuma de perseguir alguém que não reparou em você, que não a procura nem lhe telefona para convidá-la para sair. O amor é finalmente simples e doce, não difícil e de partir corações.

Você deve estar dizendo a si mesma "é claro!" Porém, ficaria surpresa ao saber quantas mulheres correm atrás de homens que não as querem. As que pensam que é missão da mulher reformar os homens acham que têm de se esforçar para fazer os homens as amarem. Se o homem se interessar rápido, ficam aborrecidas.

Em geral, as mulheres não gostam de ter muito trabalho, apenas se mostram, seguindo as dicas, e quem quer que seja que goste delas gosta mesmo, e quem não gosta, não gosta mesmo. Aceitam o que acontece. Estão confiantes e tranquilas. As mulheres adeptas das dicas não enfrentam batalhas.

Você está vivendo sem dores. Nunca mais noites de sábado solitárias, não mais esperas pelo toque do telefone, não mais pesadelo sobre o homem que foi embora sem explicação plausível ou preferiu sua melhor amiga, não mais ataques de ciúmes, nunca mais investigações nas coisas dele para descobrir pistas incriminadoras. Ser amada e segura, afinal! Essa é a inacreditável recompensa que você recebe quando segue as dicas e você vai adorá-las.

Lembre-se:

- ★ O homem a quer mais quando você segue as dicas e perde o interesse mais rápido quando não as segue!

- ★ Primeiro, a maior recompensa: ele quer se casar com você!

- ★ Ele não a ignora. Quer constantemente sua atenção e companhia.

- ★ Ele se envolverá em todos os aspectos de sua vida. Você não o aborrece.

- ★ Ele sempre cuidará e se preocupará com você.

- ★ Ele vai ligar para saber como foi sua consulta com o médico.

- ★ Ele considera as suas manias mais inofensivas do que irritantes.

- ★ Ele "ouve" quando você fala.

- ★ Ele vai lhe dar pequenos presentes, joias e flores em qualquer ocasião.

- ★ Ele ligará do trabalho só para saber como você está.

- ★ Quando você tem uma gripe ou uma doença qualquer, ele sempre ficará ao seu lado.

- ★ Quando você circula pela casa com pouca roupa, ele assobia como se você fosse uma beldade na praia.

- ★ Sua foto estará sobre sua mesa no trabalho e na carteira dele.

- ★ Não precisará de ajuda de terapias de casal. Ele não deseja que você fosse assim, assado ou diferente. É claro que ele pode desejar que você seja mais equilibrada com seu cartão de crédito, ou que dê um pouco mais de atenção na organização da casa, mas não é nada que o deixa chateado seriamente. Ele descobriu mais coisas adoráveis em você.

- ★ Nada de ansiedade. Você não vive pisando em ovos, preocupada se feriu a sensibilidade dele. A relação é leve, ambos agem e falam com muita naturalidade, confiança e cumplicidade.

- ★ Nenhum abuso físico. Ele a tratará com gestos de carinho e delicadeza. Você não tem que se preocupar em ser agredida.

- ★ Nenhuma traição. Quando você segue as dicas ele a acha especial, diferente de todas as outras; sente-se pleno com a mulher que tem. Você pode deixá-lo numa sala cheia de mulheres bonitas sem se preocupar, pois, para ele, você é mais bonita e interessante do que as outras. Ele ama realmente você!

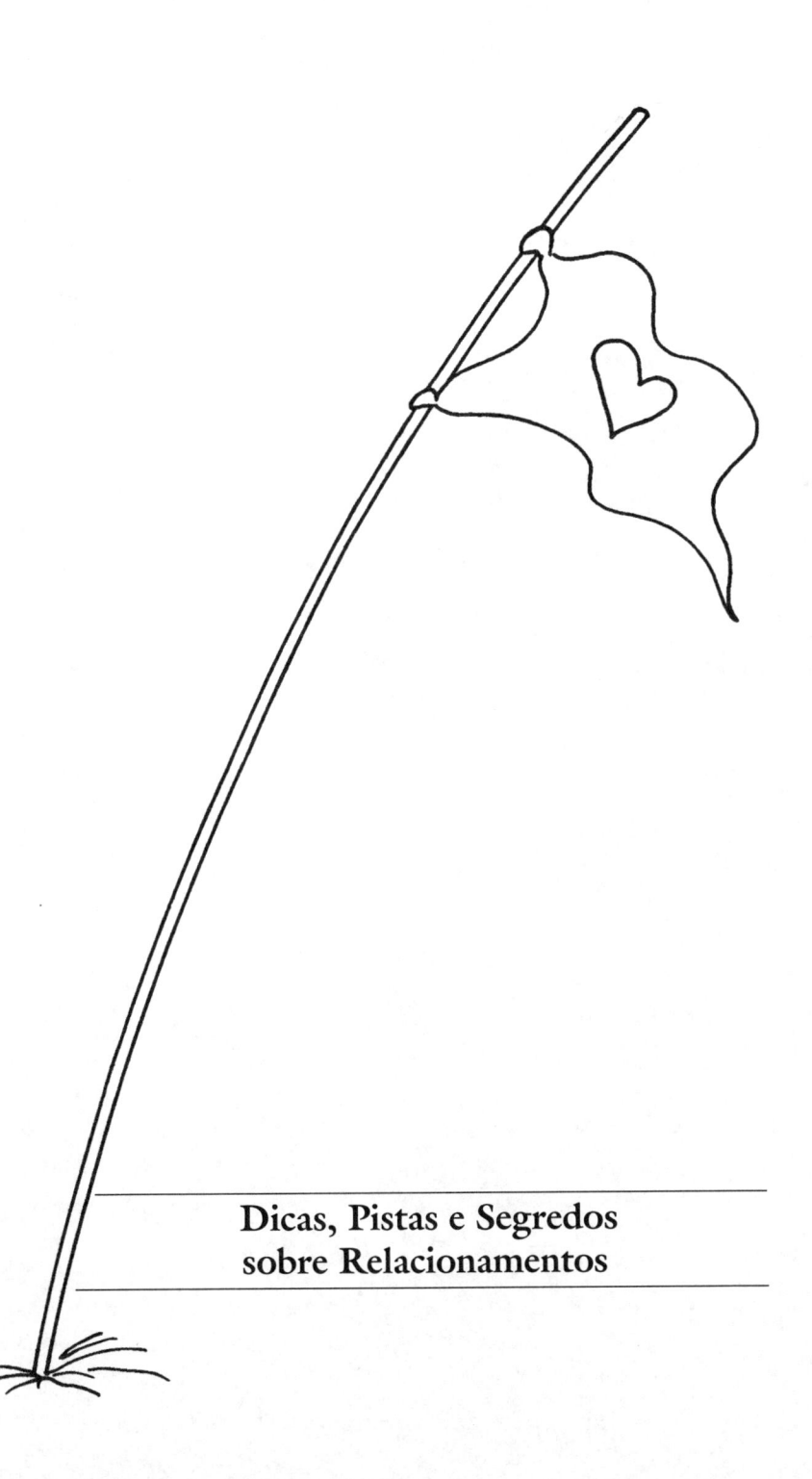

**Dicas, Pistas e Segredos
sobre Relacionamentos**

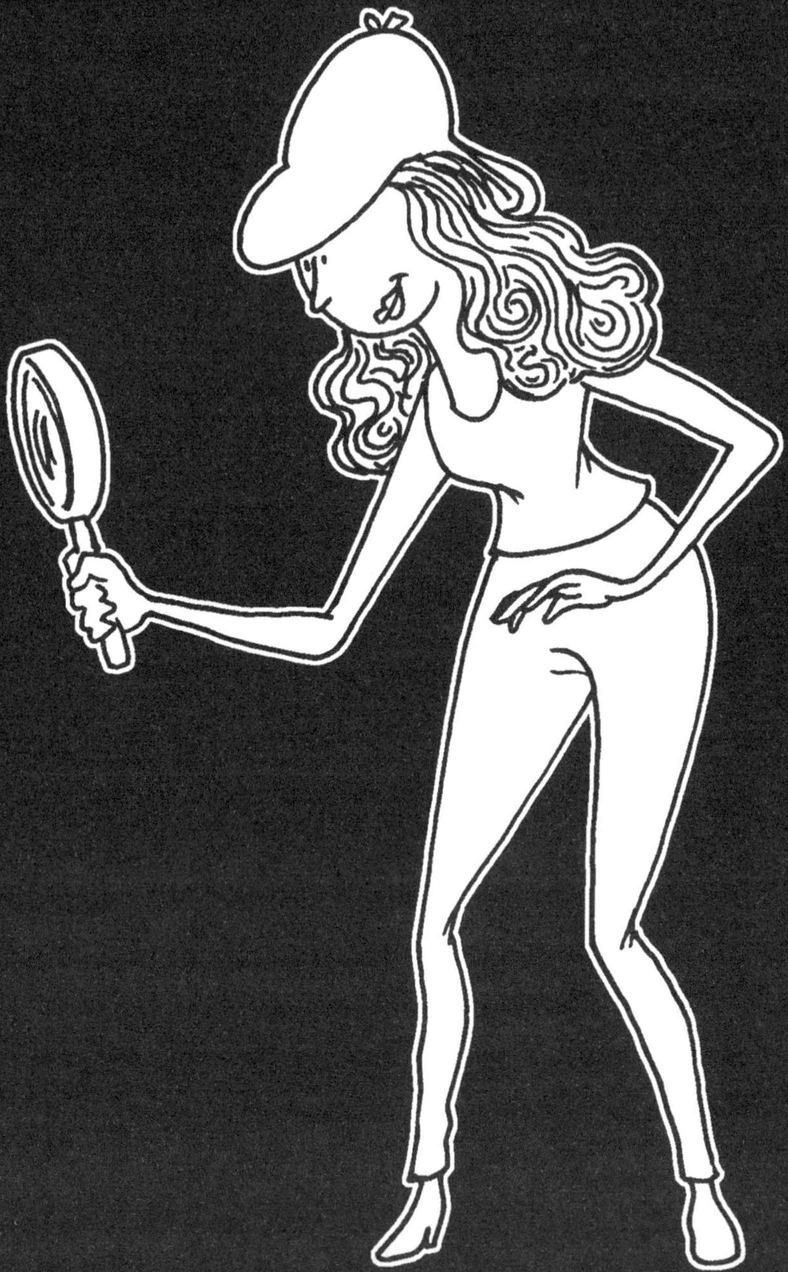

DICAS, PISTAS E SEGREDOS SOBRE RELACIONAMENTOS

Para enriquecer as orientações deste manual apresento aqui mais informações que você deve saber e que foram elaboradas a partir do conhecimento de outros especialistas em relacionamento humano ou da sabedoria popular. A maioria tem por base princípios do comportamento masculino e reforçam ou complementam o que já foi dito nas páginas anteriores.

Antes das dicas propriamente ditas, faça uma análise do seu relacionamento.

COMO ESTÁ A COMUNICAÇÃO ENTRE VOCÊS?

Erros	Não diga	Diga sempre
Insultos	"Você sempre chega tarde e nunca se dá ao trabalho de me avisar. Não conheço ninguém mais egoísta." Pronto, seu amado tem motivo para começar uma briga.	Vire o foco para você e para as consequências do comportamento dele. "Fico preocupada quando você chega tarde e não me avisa."
Queixas	"Seu bagunceiro. Você acha que sou sua mãe, que anda atrás de você limpando toda a sujeira que deixa pela casa." O que espera que ele diga?	"Detesto essas xícaras sujas de café que você deixa por aí. Por favor, dá para passar uma água nelas?"
Em geral	"Você nunca abaixa a tampa do vaso." Ele pode argumentar: "Nem sempre, terça-feira, por exemplo..."	"Várias vezes, como ontem à noite, você não abaixa a tampa do vaso. Por favor, não faça isso de novo."
Linguagem confusa	"O problema é que...ããããã.. eu queria que você desse um jeito nisso. Tudo bem?" O que "dar um jeito nisso" quer dizer?	"Eu queria que você dissesse para sua ex, de uma vez por todas, que não vai mais resolver os problemas dela."
Ameaças	"Você está virando alcoólatra. Se não parar com isso, vou embora." Ameaças provocam raiva. Nunca funcionam.	"Estou preocupada. Você está bebendo além da conta. Fico tão aflita! Gostaria que você se limitasse a dois copos."
Falta de clareza	"Não sei se estou preparada para ter um bebê... Mas eu queria ter um. Acho que gostaria de engravidar logo. Mas não já".	Seja clara mesmo estando insegura. "Não sei se quero engravidar agora. Por isso, é melhor prevenir."
Pedidos indiretos	"A lata de lixo está cheia." Isso é apenas uma indireta, e constatar um fato não implica pedido algum.	Peça diretamente: "Você poderia levar o lixo para fora?"

Culpa	"Nós devíamos sair mais vezes." Ouvindo isso, ele vai se sentir culpado – o que não favorece um bom resultado.	"Está passando um filme que eu gostaria de ver. Vamos ao cinema na quarta à noite?"
Perguntas retóricas	"Onde você estava? Por que não ligou?" Só serve para começar uma discussão sobre o comportamento dele.	Fale sobre as consequências da atitude dele. "Não gosto de ficar esperando quando você se atrasa."

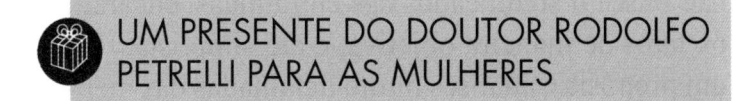

UM PRESENTE DO DOUTOR RODOLFO PETRELLI PARA AS MULHERES

O professor Rodolfo Petrelli nos oferece algumas dicas que ele denomina de "travessias do amor":

Tolerância: é uma virtude antológica que exige aceitar a diferença de ser quando o mesmo se desvela na sua autenticidade profunda.

Respeito: deixar o outro ter domínio de seu espaço, na sua intimidade e nas suas interações sociais.

Estima: é a valorização das diferenças.

Solidariedade: é o investimento no valor destas diferenças.

Amizade: é a expressão de uma simpatia humanista na dimensão que o destino do outro e da humanidade é também o meu destino e vice-versa.

Ágape: é o amor do espírito que transcende o amor da carne, mas não o nega.

QUANDO IMITAR OS HOMENS

Há alguns princípios do comportamento masculino nos quais vale a pena se inspirar para uso próprio.

Eles não interpretam tudo

Os homens entendem as coisas como elas são, não buscam significados nas entrelinhas, encaram os fatos de maneira objetiva, e até simplista, têm um propósito: análises muito detalhadas das mensagens as tornam muito distorcidas...

Já as mulheres passam horas tentando interpretar tudo, lendo nas entrelinhas.

Elogie um homem, e ele dirá obrigado. Diga que está cansada para fazer sexo e, apesar de não gostar muito da ideia; tenha certeza de que ele virará para o lado e dormirá tranquilo, sem analisar suas palavras nem imaginar que você está tendo um caso.

A melhor lição que podemos aprender com um homem é que "as coisas são exatamente o que parecem ser". Ele acredita, mais do que nós, no próprio instinto em relação às pessoas e às situações. É mais seguro.

Não se abalam com críticas

Os homens recebem crítica com objetividade, é natural ficar bravo se for insultado, mas as mulheres tendem a valorizar uma crítica mesmo em tom de brincadeira.

Se você tem consciência do seu valor, o ponto de vista alheio passa a não ser tão importante.

As pessoas estão preocupadas com os próprios sentimentos, não com os do outro. Então, a maioria das coisas que dizem não tem um alvo exterior. São para elas mesmas. É vital não depender da opinião do outro sobre você se quer ser feliz.

Não pressionam

Até se sentirem comprometidos, os homens não dão tanta importância ao amor porque, para eles, o relacionamento não é tudo. Já as mulheres pecam pelo excesso, ficam inseguras e forçam a barra tentando manter sob controle a situação. O relacionamento toma conta da sua cabeça, como a razão principal da existência.

Ter confiança e curtir a intimidade só é possível no instante em que deixamos de lado a necessidade de controlar a situação.

É mais saudável dividir a vida em três partes:

Um terço para o trabalho, um terço para os amigos e o social e um terço para o setor amoroso. Isso vai ajudar você a não ficar tão obcecada.

Não tentam agradar

As mulheres geralmente querem fazer os outros felizes antes de pensar nelas mesmas. Os homens, ao contrário, parecem ser exatamente o que querem e como conseguir.

As mulheres nem sempre são honestas com elas mesmas. Multiplicam-se em agrados, frustrando seus desejos, e depois reclamam que o outro é um egoísta.

A melhor solução é você lembrar sempre que só é responsável pela sua própria felicidade. E assumir essa postura.

Não se fazem de coitados

As mulheres se depreciam. Os homens se enaltecem. Faz parte do discurso feminino se desculpar da sorte, brincar com suas fraquezas e convencer os outros de que podem menos, então menos é esperado dela e parecem menos capazes do que realmente querem.

Não têm medo de ousar

A verdade é que os homens têm mais ousadia para solicitar qualquer que sejam seus interesses que as mulheres que tendem a tirar o corpo fora por medo de receber um não ou, pior ainda, porque não acham que merecem. O mais curioso é que eles têm as mesmas inseguranças que nós, só que não se paralisam, pois sabem que sempre vale a pena correr riscos.

Meu conselho é achar um meio-termo entre o tradicional comportamento feminino e o masculino. Então, converse, planeje, quando estiver com os amigos. Mas diante do seu amado, seja como ele. Você ficará surpresa com suas conquistas!

COMO CONSTRUIR A FELICIDADE CONJUGAL

Para ser feliz em um relacionamento duradouro, há alguns segredinhos preciosos...

Não coloque o seu amado **sempre** em primeiro lugar

O casamento requer alguns sacrifícios, mas isso não significa renunciar a todos os seus interesses pessoais – atitude que, fatalmente, gera ressentimento. Viver em função do outro também equivale a depositar nos ombros dele a responsabilidade integral pelo relacionamento. "Dependurando-se" em um homem acabará sufocando-o. É óbvio que algum grau de perda da individualidade e da liberdade há de haver, caso contrário a relação seria inviável. Mas o dano deve ser o menor possível e a identidade de cada um tem de ser preservada. Reserve um espaço na vida para si mesma, saia com as amigas, tire o sábado para cuidar de sua beleza. Incentive-o a fazer, nesse tempo, coisas que só agradam a ele.

Saiba quando colocá-lo em primeiro lugar

Ironicamente, ceder de vez em quando é um dos segredos dos casamentos bem-sucedidos. Se você atender a alguns caprichos do seu amor, sua vida com ele se tornará mais fácil. É uma questão de escolher as batalhas nas quais vale a pena se envolver. Comece identificando as questões menores que atrapalham o amor, como manias irritantes do seu querido, e tente comportar-se de outra forma diante delas. Se ele fica nervoso porque você pega no pé dele, deixe que outra pessoa o faça. Isso é muito diferente de querer empurrar questões sérias para debaixo do tapete. Você pode ceder a certas inconveniências, mas não vai tolerar um problema que comprometa sua vida.

A hora certa para as discussões

Às vezes, é melhor deixar para discutir no dia seguinte. Isso soa como pecado capital, mas está mais para solução sábia. É ilusão achar que conseguirão resolver todos os conflitos no momento em que eles surgirem. Além disso, mesmo depois de uma boa conversa vocês talvez continuem discordando em alguns pontos. Pesquisas mostram que, entre os primeiros sinais de alarme e o acesso de fúria, há um espaço de 30 segundos. Nesse ínterim, breque o impulso de dizer ou fazer coisas malignas, adiando a discussão.

No dia seguinte você terá mais energia mental para ouvir as justificativas do seu parceiro sem atacá-lo verbalmente. Inicie o treino já – quando os problemas conjugais ameaçarem sair do seu controle, diga assim: "Estou irritada com o que você me fez, mas não quero brigar. Então vamos discutir esse assunto amanhã, de cabeça fria?"

Nunca pare de tocá-lo

Tanto faz se o casal está junto há cinco dias ou cinco anos, o contato físico reforça o vínculo emocional e erotiza a relação. Cientistas descobriram que, toda vez que você toca uma pessoa, os níveis de endorfina dos dois sobe provocando sensações de conforto e bem-estar. Imagine, então, o que outros tipos de toque fazem pelo relacionamento! Inicie o treino já – se você sentir vontade de agarrar o seu amado por trás enquanto ele faz a barba, não se contenha!

As pessoas andam tão atarefadas que, se não abrem os olhos, se descuidam do relacionamento afetivo. Ele deve ser cultivado diariamente, para não perder o encanto.

REGRAS DE OURO PARA RESGATAR UM RELACIONAMENTO

Se, apesar de todo o seu esforço, perceber que o relacionamento está indo por água abaixo, é hora de tomar medidas urgentes, tais como:

Assumir a responsabilidade de mudar

Imagine a seguinte cena: um bote é arrastado pela correnteza para uma cachoeira. Três tipos de pessoas reagem de maneira bem diferente: a passiva deita e deixa o barco correr; a agressiva agarra o remo e tenta se safar (ou se joga na água e procura nadar até a margem); e a malcriada fica em pé esbravejando. Quem possivelmente se salvaria? O psiquiatra Paulo Gaudêncio tem certeza de que seria o tipo número dois. Embora as pessoas vejam a agressividade como algo negativo, ele garante que ela tem uma importante função. "É combustível para a ação".

Isso vale também nas relações amorosas. "O que mais vejo entre os casais é a malcriação ou a passividade". "Nenhuma das duas resolve." Portanto, *em vez de pôr a boca no mundo* ou engolir sapos para evitar desavenças, assuma a responsabilidade de mudar o que vai mal no namoro.

Revisitar a infância

Talvez vocês dois ainda não tenham se dado conta disto: muitas das frustrações que sentimos em relação ao amado ("Ele nunca me conta o que está pensando" ou "Ele não é carinhoso comigo") na verdade não dizem respeito ao presente, mas ao passado. "Com muita frequência, as pessoas trazem para o relacionamento amoroso uma bagagem de situações marcantes da infância e da relação com os pais". "Se na infância, por exemplo, você se sentiu rejeitada pelo pai ou pela mãe, não é difícil que mais tarde leve essa marca para a relação de casal. E, por mais que o parceiro seja amoroso e atencioso, continuará se sentindo pouco amada e um tanto insegura", compara ela.

É importante mergulhar fundo na própria história e conversar muito com o parceiro. Se perceber que sua bagagem está influenciando negativamente o amor, procure fazer um trabalho interno de mudança. "Um bom começo é admitir que o problema é seu, em vez de acusar o parceiro por tudo". "Pode ser que aí você perceba que ele está lendo o jornal não porque a rejeita, mas porque está mesmo interessado nas notícias." Outra hipótese: o problema é realmente dele, já que nunca foi alvo de grandes demonstrações de afeto no ambiente familiar, digamos, o moço não é muito de abraçar e acariciar você. "Não adianta cobrar carinhos nesse caso. Ninguém tem o poder de modificar uma pessoa que não quer ser mudada". Mas só o fato de saber que o modo de ser do rapaz tem uma causa (que não é você!) já ajuda. "A partir de então, será possível ver e sentir a situação de outra maneira, o que significa lidar com ela com mais facilidade."

Desistir de "consertá-lo"

No início, no auge da paixão, ele era a perfeição em forma de gente, tudo o que você queria de um homem. Depois passou a ter cada vez mais defeitos e tornou-se impossível não criticá-lo a toda hora. Será um sinal de que o amor acabou? "Todo mundo pensa que quando dois amantes se criticam é porque não se amam mais ou passam por uma fase negativa". Não necessariamente. Censurar é uma forma que usamos para conseguir suportar o amor, que é algo muito difícil. Como é impossível controlar e moldar o outro, que parece tão necessário, há quem tenha uma necessidade enorme de atacá-lo e feri-lo, buscando pela dor, localizar seu ponto mais sensível.

No momento seguinte à fase de aproximação, é impossível que a pessoa amada corresponda totalmente à imagem e ao cenário que foram projetados para ela. "E amar não é querer consertar o outro depois, mas saber suportar as surpresas e correr riscos." Em outras palavras, em vez de tentar modelar o rapaz a seu gosto (e contra a vontade dele!), procure enxergá-lo exatamente como ele é – e assim, avalie se o que vê, apesar de não se adaptar cem por cento às suas fantasias, provoca encantamento em você.

Não ter vergonha de se apoiar nele

Sim, é verdade que a mulher lutou e conquistou sua independência. "Mas ainda vivemos um momento de transição, em que ela passa mensagens contraditórias para o homem que está ao seu lado". Um dia a mulher se sente forte e demonstra não precisar do namorado para nada. Uma semana depois está fragilizada, quer ser protegida e se magoa porque ele não lhe deu colo.

Não se envergonhe de pedir apoio ao amado e de contar com ele para o que der e vier – mas faça isso claramente, para ser bem entendida. Um pouco de dependência, afinal, não faz mal a ninguém. Ao contrário: "De um modo geral, nós, os seres humanos, somos dependentes e precisamos do afeto e do apoio alheios para sobreviver. Ou seja, não nos bastamos".

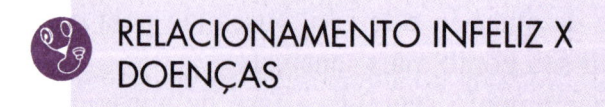

RELACIONAMENTO INFELIZ X DOENÇAS

Relacionamentos infelizes trazem consequências que, até pouco tempo, eram inimagináveis:

Pesquisas realizadas analisaram o comportamento de vários casais durante vinte anos, muitas vezes utilizando eletrodos para monitorar os batimentos cardíacos e câmeras de vídeo para gravar as expressões faciais, descobriu-se que uma união infeliz pode aumentar em 35% o risco de uma pessoa adoecer. "Isso acontece porque nesse tipo de relacionamento as pessoas experimentam uma sensação de irritação crônica e difusa; em outras palavras, sentem-se estressadas fisicamente e, em geral, emocionalmente também", diz Gottman. Ou seja, ficam mais vulneráveis a doenças. Cônjuges felizes, como ele comprovou, apresentam maior proliferação de células brancas no sangue (as grandes armas de defesa do sistema imunológico) quando seu organismo é exposto a invasores.

Pesquisas que atestam o efeito devastador de uma relação insatisfatória para a saúde é o que não falta. Ao analisar um grupo de voluntários, Sheldon Cohen, psicólogo da Universidade Carnegie Hellon, da Pensylvania, constatou que cinco pares que mantiveram discussões por três meses ficaram resfriados ou apresentaram alguma infecção das vias aéreas três ou quatro dias após uma briga mais séria — prova direta de que o estresse enfraquece o sistema imunológico. Outro estudo, esse realizado pela Dra. Janice Kiecolt-Glaser, da Faculdade de Medicina de Ohio, Estados Unidos, chegou à mesma conclusão: depois de reunir 90 casais por vinte e quatro horas para um experimento, ela tirou amostras de sangue de todos e viu que as pessoas mais hostis durante as discussões apresentaram uma queda maior de imunidade.

Pelo que tudo indica, a pele é mais uma das vítimas dos desentendimentos amorosos. "Ela serve como defesa imunológica e, por isso, não é de estranhar que reflita grande parte do que está acontecendo em nosso coração e mente", explica o Dr. Ted Grossbart, em artigo publicado no livro *Equilíbrio Mente e Corpo – Como usar sua mente para uma saúde melhor*, de Daniel Goleman. Sentiu o drama na pele – literalmente. Quando procurou o médico para tratar de manchas avermelhadas que estavam aparecendo pelo seu corpo, ele receitou uma pomada e pediu a ela que prestasse atenção nos momentos em que as placas surgiam. Na consulta seguinte, relatou que, toda vez que se envolvia em uma discussão com o seu namorado, seu pescoço começava a coçar e logo ficava vermelho.

Nunca se estudou tanto a ligação entre saúde e problemas emocionais, inclusive os decorrentes de relacionamentos amorosos. É por isso que muitos psicólogos acreditam que o futuro do seu namoro está espelhado na sua ficha médica. Acredite: ouvir os sinais que seu corpo manda vai ajudá-la a tomar uma decisão que, bem lá no fundo, você sabe ser a melhor. Colocar um ponto final em uma relação estressante faz um bem enorme à saúde.

CHECK-UP DO AMOR

Nunca é demais munir-se de conhecimento para construir e manter um bom relacionamento.

Se você conhece bem três ou mais dos problemas citados a seguir, faça uma análise para ver até que ponto eles têm ligação com o seu atual relacionamento.

- ★ Aumento dos batimentos cardíacos durante uma discussão – De acordo com as pesquisas do Dr. John Gottman, se o ritmo cardíaco de um dos parceiros chega constantemente a 100 batimentos por minuto num conflito, é fácil prever que o casal irá se separar. "Em primeiro lugar, o fato indica que, pelo menos no terreno emocional, um se sente seriamente angustiado ao lidar com o outro", explica. "Em segundo, essas sensações físicas de saturação tornam praticamente impossível uma discussão produtiva para resolver um problema." Nossa capacidade de processar informações se reduz drasticamente e, assim, as chances de solucionar a questão desaparecem.

★ Herpes – Uma série de estudos demonstrou que estresse pode destruir a resposta imunológica do organismo ao vírus dessa doença.

★ Dores de cabeça frequentes – O estresse emocional gera mudanças na pressão sanguínea e na tensão muscular, que acabam provocando dores de cabeça fortes e constantes.

★ Sudorese excessiva – Outro indicador de que o corpo está entrando em um processo de estresse. Assim como o aumento dos batimentos cardíacos, o suor aparece porque nosso corpo acha que estamos diante de uma situação de perigo. É uma reação de medo.

★ Cortes e manchas roxas que demoram muito para sarar – Quando ficamos tensas demais, a pressão sanguínea aumenta, o que dificulta a cicatrização.

★ Problemas de pele – Uma pesquisa realizada pelos médicos japoneses Yujiro Ikemie e Shunji Nakagawa mostra que a pele reage diretamente às nossas emoções. Depois de hipnotizar alguns voluntários alérgicos, eles colocaram uma folha em contato com a pele deles dizendo que ela era tóxica – mas não era. Os participantes tiveram reação alérgica imediatamente, com irritação e vermelhidão.

★ Dor de estômago e de barriga constantes – Experimentos realizados em laboratório confirmam que o estresse psicológico interfere no sistema digestivo: aumenta a secreção ácida no estômago, levando a gastrites e até a úlceras. Em uma pesquisa realizada na Universidade da Carolina do Norte, Estados Unidos, 66% das pessoas entrevistadas admitiram ter sofrido alterações no funcionamento do intestino, como dores de barriga, provocadas pela tensão.

★ Insônia – Estudos demonstraram que grande parte das pessoas com dificuldade para dormir apresenta padrões rápidos de ondas cerebrais típicos de um indivíduo com estresse.

IDADE X CASAMENTO

Hoje em dia é muito difundido que a idade não é barreira para a felicidade conjugal. Isso tem por base as exceções, e não a regra geral. Casamentos entre pessoas de idades diferentes, ou que já passaram dos 40 anos, chamam a atenção por não serem usuais, principalmente quando envolvem pessoas famosas ou de destaque na sociedade. Muitos, realmente, dão certo, porém há alguns requisitos para que isso aconteça.

Veja o que dizem as pesquisas sobre a relação entre idade e casamento:

Mulheres que não suportam grandes brigas aumentam as chances de obter paz e tranquilidade casando-se depois dos 30 anos. A maturidade traz o desejo de mais compromisso e diminui os níveis de impulsividade. Quando estiver chateada ou aborrecida com algo, é menos provável que faça uma cena escandalosa. As pesquisas confirmam essa informação. Os dados mostram que casais de vinte e poucos anos são os mais propensos a gritar e a quebrar objetos durante as desavenças sérias. Além disso, com as pesquisas concluiu-se que as pessoas maduras encontram tempo para conversar com o parceiro todos os dias. "Boa comunicação" preserva o casamento quando os conflitos se iniciam, diz. Os recém-casados muito jovens não costumam priorizar a cumplicidade e a amizade em uma relação, por isso, não é de se espantar que as coisas logo fujam do controle.

Se você anseia por sentimento de integração, a idade ideal para casar na faixa dos 20 anos – os 20 anos são a idade do "eu posso", "eu faço". À medida que essa fase mágica fica para trás, os solteiros começam a se sentir angustiados. Em alguns, bate uma sensação de não pertencer a nada, de viver à margem. As garotas, em especial, tornam-se ansiosas e pensam coisas do tipo: "jamais vou conseguir encontrar alguém" ou "sou a única solteira da minha turma". E esses sentimentos negativos não morrem quando elas se deparam com um homem que lhes compra um anel de noivado. Mulheres mais velhas temem que os outros possam pensar que houve (ou há) algo errado com elas por terem demorado tanto para se casar. Parece que as noivas novinhas se sentem mais "normais".

Se você deseja não se arrepender, a idade ideal para casar é depois dos 30 anos – Idade e experiência vencem a juventude. Casais maduros já viveram ao longo dos anos relacionamentos que não deram certo. Portanto, eles não costumam dar o grande passo enquanto não têm certeza de que essa é realmente a melhor coisa a fazer na vida. Os jovens possuem uma noção mais idealizada do casamento. Se a realidade cotidiana não corresponde às suas expectativas e fantasias, eles não hesitam em romper e partir para outra. Segundo pesquisas, descobriu-se que o maior índice de arrependimento pela troca de alianças estava entre garotas na faixa de 20 anos.

QUATRO SEGREDOS PARA UMA UNIÃO DURADOURA

Para o pesquisador John Gottman, diferentemente do que foi exposto na pesquisa anterior, existem alguns princípios básicos para o sucesso (ou não) dos relacionamentos, que nada têm a ver com a idade, e sim com a disposição de cada um para tornar a vida do outro feliz:

Liberdade para Conversar

Se vocês pretendem passar o resto da vida juntos, devem se sentir seguros para conversar sobre todo tipo de assunto, desde os mais sérios até os mais superficiais. O segredo dos casamentos felizes envolve a troca de ideias e demonstrações de interesse sobre o dia de cada um.

Toques e Carinhos

Casais problemáticos podem até se entender na cama, mas parceiros felizes têm um vínculo emocional que extrapola os limites dos lençóis. Eles possuem uma ótima interação psicológica no dia a dia e trocam carinho sempre que possível. Ficam de mãos dadas, tocam um no braço do outro enquanto falam ou partilham brincadeiras. Isso tudo estabelece uma conexão que só se fortalece com o passar dos anos.

Amizade e Respeito

O casal que tem relação estável e duradoura costuma tratar um ao outro com respeito — até mesmo quando discorda sobre alguma coisa. "Quando o marido discute com a esposa, nem por um momento ele deixa de levar em consideração que ela é a pessoa mais importante da sua vida", exemplifica John Gottman. O fato de vocês dois serem os melhores amigos um do outro não significa que sempre vão navegar por mares tranquilos, e sim que não irão naufragar durante os conflitos.

Maturidade

É importante ter em mente que não devem se casar até saber quem são e o que querem para sua vida. Vocês nunca terão todas as respostas, mas fazer um esforço para obtê-las significa que já pertencem ao mundo dos adultos. Somente os adultos se concentram nas metas de um casamento sem dar importância a preocupações infantis.

O QUE OS RELACIONAMENTOS DEMONSTRAM

Sabe aquele cara por quem você está interessada? Analise a relação dele com pessoas próximas para saber como ele vai tratá-la caso aconteça um namoro.

★ A mãe dele – Os dois podem não viver aos beijos e abraços. Mas, se ele a trata com respeito, é provável que saiba valorizar relacionamentos românticos.

★ Os amigos dele – Mantenha o pé atrás com o tipo que costuma pisar na bola com os amigos (ou pior, apronta pelas costas deles). Como os homens são leais entre si, aquele que joga sujo com a turma certamente também age mal com as mulheres.

★ O chefe dele – Todo mundo tem queixas dos superiores, mas quem consegue administrar os problemas no trabalho e procura cooperar com a chefia demonstra maturidade e paciência para enfrentar também os altos e baixos do namoro.

O QUE VOCÊ NUNCA DEVE FAZER

Nunca diga a um homem...

★ que ele não a ama mais. Ele vai acreditar, sem nem pensar se é verdade ou não;

★ que ele parece estar ficando gripado. Ele vai piorar imediatamente;

★ que ele está sentindo isso ou aquilo. Quando a gente atribui emoções a um homem, costuma errar no julgamento;

★ que sabe da fragilidade dele. Ele vai morrer de medo e se afastar de você;

★ que você está ficando velha e flácida! Ele, sozinho, vai levar muito mais tempo para notar isso, se notar;

★ que ele é o centro da sua vida. Além de não reconhecer a grandeza do fato, o cara pode ficar meio metido;

★ que ele está com medo. Ele vai se ofender;

★ que detesta quando ele conta piadas. Magoa muito;

★ que não adianta você falar, porque ele não vai entender. Insista no diálogo e não subestime a inteligência dele;

★ que fulana está dando em cima dele. Fique você atenta, porque o moço é bem capaz de nunca notar;

★ que ele está errado. É a morte!

★ que ele está bêbado. Não adianta. Assuma as rédeas até colocá-lo na cama.

Nunca pergunte a ele...

★ como fulana estava vestida ou se estava acompanhada. Se ele responder com detalhes, você pode não gostar;

★ se acha que você emagreceu; é possível que ele responda o que você não quer ouvir;

★ o que ele achou do seu vestido; vista e sinta o efeito em público. Homem só repara quando os outros falam.

★ sobre as antigas namoradas; você vai se aborrecer.

Nunca conte para ele...

★ seu verdadeiro peso;

★ quanto você gastou em roupas no shopping;

★ seus problemas de saúde; homem odeia esse tipo de assunto.

Nunca ameace...

★ deixá-lo, se não estiver decidida a fazê-lo.

Nunca critique....

★ aqueles amigos dele meio esquisitos;

★ a família do rapaz além do que ele mesmo costuma fazer;

★ o time dele só porque está perdendo.

Nunca espere...

★ que ele adivinhe o que você está sentindo (mas grite de felicidade se adivinhar).

★ que ele entenda a sua reação. Homem funciona de outro jeito.

★ que ele se preocupe em evitar filho.

Nunca deixe...

★ que o moço perceba que você não está prestando atenção no que ele diz; mesmo que não esteja interessada no assunto, disfarce. Ele merece.

Nunca se separe...

★ de um homem por não entendê-lo; se ele é o amor da sua vida, aceite-o e passe o resto dos seus dias estudando o enigma.

AS NOVE PERSONALIDADES MASCULINAS

Se você já se pegou dizendo "Não sei lidar com ele", procure pistas no mapeamento de personalidades masculinas básicas feito pelo sociólogo Tariq Kamal e pela jornalista Gísela Rao, no livro *Desvendando os Homens* (Matrix).

★ **O perfeccionista** – Escolher o vinho errado? Desarrumar o tapetinho do banheiro dele? Nem pensar! Encontre formas de fazê-lo se orgulhar de você.

★ **O prestativo** – O famoso bonzinho ama muito porque precisa de muito amor. Reconheça tamanha dedicação, pois ele, sim, dará valor às suas qualidades.

- ★ **O aventureiro** – Esse tipo nunca sabe o que quer e enjoa rápido das coisas. Divirta-se com ele, mas não o leve a sério.

- ★ **O melancólico** – Amoroso, ele dá trabalho nas fases depressivas, em que você tem de carregar a relação nas costas.

- ★ **O observador** – É o namorado ideal para a mulher que busca também um mentor. Objetivo, culto e interessante, admira quem está com a leitura em dia.

- ★ **O contestador** – Ele provoca, faz chantagem emocional e magoa para chamar sua atenção. Se você ficar indiferente às discussões, será o fim do romance.

- ★ **O materialista** – Bem de vida e bonitão, esse príncipe encantado prioriza a carreira e ama badalações. Sua vida ao lado dele será agitada, só não tenha expectativas de momentos a dois.

- ★ **O controlador** – Você tem de dialogar muito para não virar massa de manobra. A boa notícia: ele é do tipo que assume a pessoa ao seu lado.

- ★ **O pacificador** – Ele detesta brigas e cobranças, então vive em cima do muro. É o homem perfeito para quem não está a fim de algo sério, quer apenas ficar.

AS MULHERES QUE MAIS ESPANTAM OS HOMENS

Nem todos eles têm pavor de compromisso, mas a maioria evita se envolver com uma mulher nociva. Os tipos mais rejeitados pela ala masculina costumam ser:

★ **As tagarelas** – Falam o tempo todo e não dizem nada – são realmente inconvenientes e chatas.

★ **As indiscretas** – Não conseguem guardar segredos, contam intimidades deles para outras pessoas.

★ **As frescas** – Têm um ataque ao ouvir um simples palavrão ou estão sempre repreendendo o senso de humor ou o comportamento deles.

★ **As escandalosas** – Soltam gargalhadas constrangedoras, especialmente em público, e quase berram.

★ **As frias** – Não são capazes de fazer elogios, que alimentam o ego deles. Sonegam o carinho verbal – e qualquer outra modalidade de afeto!

★ **As dramáticas** – Brigar e depois fazer as pazes é excitante só no começo. A grande maioria dos homens não suporta a montanha-russa emocional de uma relação assim.

- ★ **As paranoicas** – Dez minutinhos de atraso ou qualquer pequena quebra na rotina são suficientes para imaginarem tragédias e traições, gerando estresse para o casal.

- ★ **As invasivas** – Não respeitam a privacidade do homem. Aparecem em sua casa ou escritório em horas impróprias, sem convite, sem aviso e, pior, nunca sabem a hora certa de sair de cena.

- ★ **As barraqueiras** – Aprontam o maior escândalo, em casa ou em público, por qualquer motivo, chegando, por vezes, a agressões físicas ao parceiro ou supostas rivais.

- ★ **As pegajosas** – Melosas ao extremo, não desgrudam do homem, tratam-no como um bebezinho, com excesso de mimo, palavras infantis, gestos sufocantes. Se estão longe dele, ligam a todo minuto com desculpas fúteis.

- ★ **As opressoras** – Controlam todos os passos do homem, não lhe dando chance para respirar, tomar suas próprias decisões, executar suas tarefas, relacionar-se com outras pessoas.

- ★ **As repelentes** – São pessoas frias, hostis, indiferentes, fechadas, excessivamente enigmáticas.

CUIDADO! FUTUROS MARIDOS QUE SÃO UMA BOMBA-RELÓGIO PRESTES A EXPLODIR EM SUAS MÃOS

Pistas que denunciam um futuro agressor:

alerta 1 – Vocês acabaram de se conhecer, e ele apressa as coisas, falando prematuramente em morar junto e até casar.

alerta 2 – Usa frases do tipo "Não vivo sem você", "Vamos ficar juntos para sempre, não importa o que acontecer", envolvendo-a.

alerta 3 – Cria caso por bobagens e, frequentemente, você se vê desfazendo mal-entendidos.

alerta 4 – Tem um humor instável e deixa você pisando em ovos, pois nunca sabe o que vai detonar a crise.

alerta 5 – Tem ciúme de suas amigas ou de qualquer coisa ou pessoa que toma o seu tempo. Quer você sempre disponível.

alerta 6 – Agride você verbalmente, usando ameaças para magoá-la, embaraçá-la ou restringir sua liberdade. Quando discutem, ele baixa o nível.

alerta 7 – Ele quebra coisas, dá socos na parede e usa violência simbólica, como rasgar fotos ou destruir seus objetos pessoais.

alerta 8 – Não admite rejeição. O relacionamento vai durar enquanto ele quiser.

alerta 9 – Diz que a vida longe de você não faz sentido – e ele está falando sério. Isso não é amor, é obsessão.

alerta 10 – Usa o dinheiro para controlar todos os aspectos da sua vida.

alerta 11 – Minimiza os acessos de raiva, como se cada um fosse uma exceção. Faz você acreditar que não é violento e que você é igualmente responsável pelos ataques.

alerta 12 – Culpa os outros pelos próprios ataques: você o leva à loucura.

O PERFIL DO TRAIDOR

O comportamento do homem infiel segue alguns padrões. Fique atenta a esses sinais suspeitos:

★ Ele se cuida: é pura lógica. Ele nunca ligou muito para o visual – ou ligava sem exagero algum. Agora não contém os acessos de vaidade. Passa a frequentar academia, começa um regime, muda o corte ou a forma de lidar com o cabelo, perdeu o pavor de ir ao shopping e, vira e mexe, compra uma roupa nova. Estranho, não? Sem dúvida.

- ★ Ele tem um álibi: o futebol ou outro jogo; o rapaz nunca jogou tanto com os amigos – e as partidas demoram cada vez mais para terminar. Mau sinal!

- ★ Ele vive no mundo da lua: olhar perdido, cabeça em Marte, quando chega em casa vai direto para o banho, mal fala, está sempre cansado ou com alguma dor. Ah! Sempre elege um CD que tocará repetidamente.

- ★ Ele banca o ciumento ou mesmo o romântico: ele pode se tornar muito ciumento, porque quem trai acha que o outro faz o mesmo, e assim, passa a ter crises de ciúmes – chamamos de "ciúme projetivo" ou, em vez de virar um *freezer*, o traidor pode agir de maneira oposta, dando demonstrações explícitas de carinho, como mandar flores de surpresa. Os gestos de carinho e atenção são só para expiar a culpa.

- ★ Ele lembra um *workaholic*: quando não usa a desculpa do futebol, o homem que trai recorre ao pretexto do trabalho extra para justificar ausências e atrasos. Portanto, entre em estado de alerta se ele tem feito um plantão atrás do outro.

- ★ Ele viaja muito (sozinho): apure o faro se as viagens se sucedem uma atrás da outra e são marcadas na última hora, justamente para você não pensar em ir junto. É alto risco à vista.

★ Ele fica estranho quando o celular toca: observe como o seu amado se relaciona com o celular. Os dois não se desgrudam? Se precisa atender uma ligação diante dos seus olhos e perto dos seus ouvidos, ele fica nervoso e embaraçado? Siga essa pista que é quente.

★ O dinheiro diminui: mais um sinal é o dinheiro curto – só em casa! Quando trai, o homem gasta mais, porque paga jantares, motel, compra presentes, muda seu próprio guarda-roupa. Alguns até abrem uma conta nova em outro banco, escondido da esposa, ou arranjam um cartão de crédito adicional.

Obs.: um desses itens isolados pode não ter um significado especial, mas se dois ou mais destes sinais começarem a fazer parte da vida dele de repente, fique atenta!

SINAIS DE QUE ELE VAI DAR O FORA EM VOCÊ

Ele vive criticando você

Tudo o que antes ele adorava em você, agora o irrita profundamente. Por algum motivo misterioso, nada do que faz é certo ou merece algum agradecimento. O que esse homem está tentando lhe dizer é que não está mais interessado em você. E se justifica reclamando, mostrando-a como a pessoa inadequada dentro da relação.

Ele anda nervoso ultimamente

Ele não quer a responsabilidade de terminar a relação. Então, fica chato, reclama de tudo, é mesquinho... Em verdade, está tentando fazer com que você desista dele.

Ele diz o tempo todo de forma implícita:

Que você não é suficientemente boa para ele; que ele simplesmente não acha mais você atraente; que está morrendo de medo se envolver; que você o aborrece e que ele está fora...

Ele não faz planos com você para o futuro

Porque sabe que não vai haver um futuro juntos. Mas não espere que um homem se comprometa a fazer um cruzeiro pelas ilhas do Caribe depois de um mês de namoro. É irreal.

Ele mudou radicalmente de conduta

Ele dizia que água-de-colônia era coisa de "mauricinho". Agora toma banhos de perfume. E tem mais: anda malhando feito um louco e comprou cuecas novas de seda. Isso pode querer dizer que o nosso rapaz está tentando agradar alguma outra mulher, mas você não pode se basear só nisso. Por outro lado, se ele não cuidar mais da própria aparência, pode significar que não está preocupado em agradar você.

Homens que se tornam inacessíveis, física ou emocionalmente, nem sempre querem enrolar a pessoa que está com eles. Às vezes, sentem-se ambivalentes, não sabem se querem ou não terminar – ou preferem ir acabando de mansinho, aos poucos, para evitar um confronto traumático.

Ele é vago e esconde informações de você

Responde laconicamente às suas perguntas: "Eu estava no trabalho, saí com um amigo..." Se ele não quer mais se abrir com você, significa que o grau de intimidade diminuiu – talvez porque não esteja mais interessado na relação.

Ele tem muitos jantares de negócios até tarde.

Desde que o conheceu, ele sai do trabalho às 6 horas. Agora, nunca chega em casa antes das 10. E quando cancela um encontro porque tem um jantar de trabalho, não telefona para dizer "Eu adoraria passar aí depois" – simplesmente declara: "Ligo depois". É sinal de que ele está prestes a deixar você por outra mulher.

Ele diz que está infeliz, mas não tem nada a ver com você

É mais fácil expressar indiretamente a infelicidade com o relacionamento – transferindo tudo para o trabalho, por exemplo – do que enfrentar a situação cara a cara. Se ele reclama que não tem espaço dentro de casa, que precisa de tempo, que não aguenta mais a pressão no trabalho, o que realmente está tentando dizer é que está se sentindo sufocado no relacionamento.

Antes de chegar a qualquer conclusão, é bom prestar mais atenção a tudo o mais que está acontecendo nessa relação.

O que fazer quando perceber um ou outro desses sinais?

★ Perguntar a ele muitas coisas. Dessa forma, você não vai ter de adivinhar o que o seu companheiro está sentindo. (Não é um inquérito, mas não deixe que ele fuja. Seja persistente e tenha tato.)

★ Não ignorar os seus instintos, para depois não se arrepender.

★ Quando conversar com ele, é bom tentar dar exemplos concretos.

★ Se os sintomas retornarem e ele não se mostrar empenhado em resolver a questão, infelizmente seu relacionamento vai mal. Então, não é bom esperar o chão se abrir. Tome uma atitude.

★ Manter um diário. Escrevendo as suas emoções, você lembrará como se sentiu realmente. Assim, não poderá usar a defesa de imaginar que a relação é ótima, que foi só uma briguinha...

Conclusão

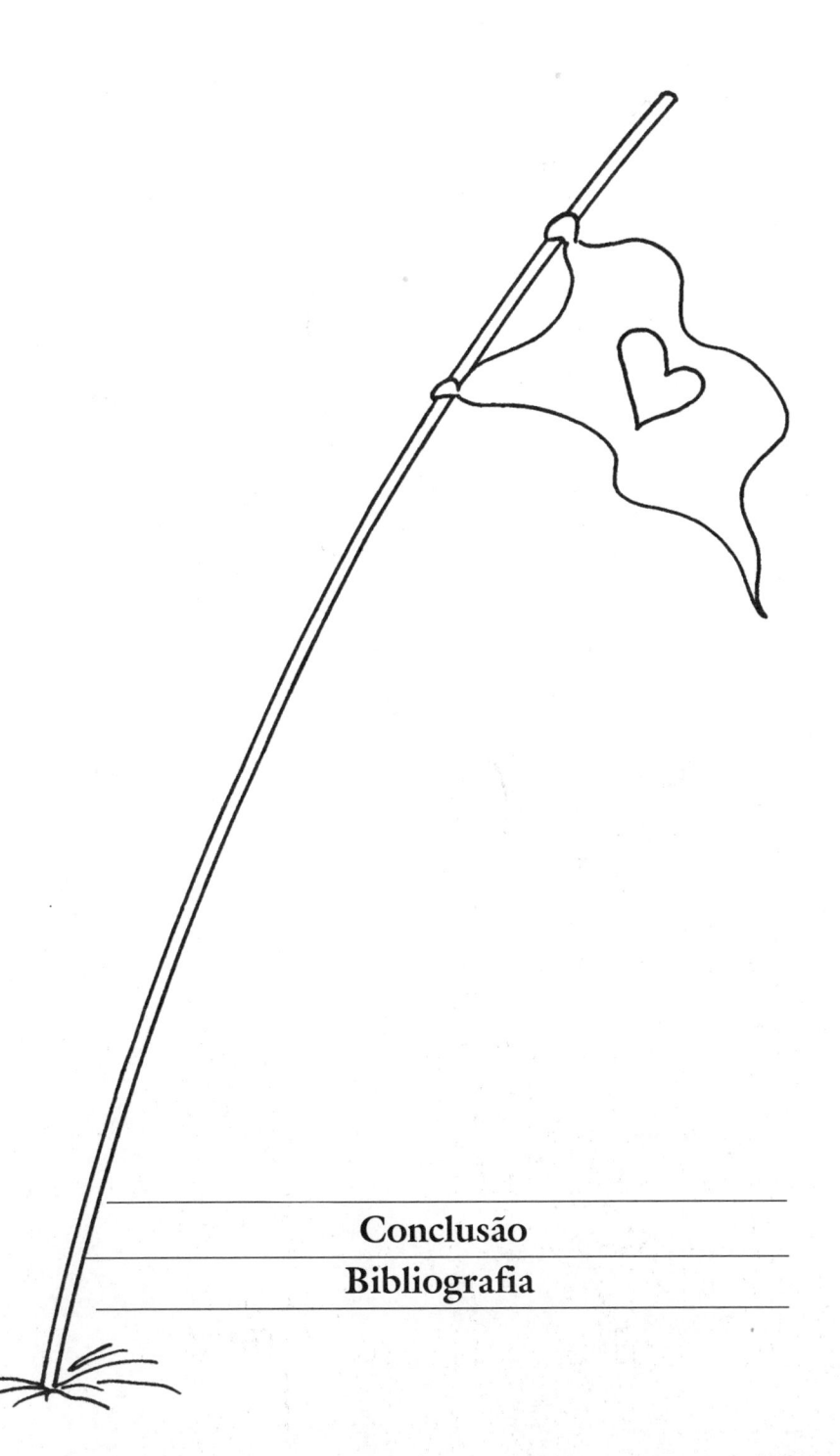

Bibliografia

CONCLUSÃO

Bem, depois de todas essas dicas é hora de agir. Reflita sobre tudo o que leu, tenha a coragem de analisar-se friamente, ver o que precisa mudar em você e em seu comportamento em relação aos homens em geral e, especialmente, ao ser amado. Identificados os pontos fracos, ataque-os sem dó nem piedade. Torne-se uma mulher irresistível!

BIBLIOGRAFIA

CARTER, Steven; SOKOL, Júlia. *Os homens gostam de mulheres que gostam de si mesmas.* Mandarim, 1997.

FEIN, Ellen; SCHNEIDER, Sherrie. *As trinta e cinco regras para conquistar o homem perfeito.* Rocco, 1997.

FRANKEL, Lois P. *Nice Girls don't get the corner office.* Warner Books, inc, 2004.

OJUARA, Rosângela. *Como pegar seu homem pelo pé.* Novo Século Editora, 2005.

WALSCH, Neale Donald. *Aprendendo a conviver com quem se ama.* Sextante, 2002.

MADRAS® Editora — CADASTRO/MALA DIRETA

Envie este cadastro preenchido e passará a receber informações dos nossos lançamentos, nas áreas que determinar.

Nome _____
RG _____ CPF _____
Endereço Residencial _____
Bairro _____ Cidade _____ Estado ____
CEP _____ Fone _____
E-mail _____
Sexo ❏ Fem. ❏ Masc.   Nascimento _____
Profissão _____ Escolaridade (Nível/Curso) ____

Você compra livros:
❏ livrarias   ❏ feiras   ❏ telefone   ❏ Sedex livro (reembolso postal mais rápido)
❏ outros: _____

Quais os tipos de literatura que você lê:
❏ Jurídicos   ❏ Pedagogia   ❏ Business   ❏ Romances/espíritas
❏ Esoterismo   ❏ Psicologia   ❏ Saúde   ❏ Espíritas/doutrinas
❏ Bruxaria   ❏ Autoajuda   ❏ Maçonaria   ❏ Outros:

Qual a sua opinião a respeito desta obra? _____
_____

Indique amigos que gostariam de receber MALA DIRETA:
Nome _____
Endereço Residencial _____
Bairro _____ Cidade _____ CEP _____

Nome do livro adquirido: ***Segredos da Conquista***

Para receber catálogos, lista de preços e outras informações, escreva para:

MADRAS EDITORA LTDA.
Rua Paulo Gonçalves, 88 – Santana – 02403-020 – São Paulo/SP
Caixa Postal 12183 – CEP 02013-970 – SP
Tel.: (11) 2281-5555 – Fax.:(11) 2959-3090
www.madras.com.br

Este livro foi composto em Times New Roman, corpo 13/15.
Papel Offset 75g
Impressão e Acabamento
Mundial Artes Gráficas
Rua Visconde de Taunay, 651 - Bom Retiro – São Paulo/SP
CEP 01132-000 – Tel/Fax:(11) 3337-4586